SOCIOLOGIA DA MODA

Dados Internacionais de Catalogação na Publicação (CIP)
(Câmara Brasileira do Livro, SP, Brasil)

Godart, Frédéric
    Sociologia da moda / Frédéric Godart ; tradução de Lea P. Zylberlicht.
– São Paulo : Editora Senac São Paulo, 2010.

Título original: Sociologie de la mode.
Referências bibliográficas.
ISBN 978-85-396-0030-4

1. Moda – Sociologia I. Título

| 10-09518 | CDD-306.4 |

Índice para catálogo sistemático:
    1. Moda : Sociologia   306.4

FRÉDÉRIC GODART

Sociologia da moda

TRADUÇÃO DE LEA P. ZYLBERLICHT

EDITORA SENAC SÃO PAULO – SÃO PAULO – 2010

ADMINISTRAÇÃO REGIONAL DO SENAC NO ESTADO DE SÃO PAULO
Presidente do Conselho Regional: Abram Szajman
Diretor do Departamento Regional: Luiz Francisco de A. Salgado
Superintendente Universitário e de Desenvolvimento: Luiz Carlos Dourado

EDITORA SENAC SÃO PAULO

Conselho Editorial: Luiz Francisco de A. Salgado
Luiz Carlos Dourado
Darcio Sayad Maia
Lucila Mara Sbrana Sciotti
Luís Américo Tousi Botelho

Gerente/Publisher: Luís Américo Tousi Botelho (luis.tbotelho@sp.senac.br)
Coordenação Editorial/Prospecção: Dolores Crisci Manzano (dolores.cmanzano@sp.senac.br)
Administrativo: grupoedsadministrativo@sp.senac.br
Comercial: comercial@editorasenacsp.com.br

Edição de Texto: Adalberto Luís de Oliveira
Preparação de Texto: Pedro Henrique Fandi
Revisão de Texto: Jussara Rodrigues Gomes, Olga Cafalcchio
Projeto Gráfico, Capa e Editoração Eletrônica: Antonio Carlos De Angelis
Imagem da Capa: Fotocromo
Impressão e Acabamento: Melting Color

Traduzido de *Sociologie de la mode*
© Éditions La Découverte, Paris, França, 2010.

Proibida a reprodução sem autorização expressa.
Todos os direitos desta edição reservados à
Editora Senac São Paulo
Rua 24 de Maio, 208 – 3º andar – Centro – CEP 01041-000
Caixa Postal 1120 – CEP 01032-970 – São Paulo – SP
Tel. (11) 2187-4450 – Fax (11) 2187-4486
E-mail: editora@sp.senac.br
Home page: http://www.livrariasenac.com.br

© Edição brasileira: Editora Senac São Paulo, 2010

Sumário

Nota da edição brasileira, 7

Introdução: A moda, um "fato social total"?, 9
Os diferentes aspectos da moda, 9
A moda como indústria criativa, 12
Os seis princípios da moda, 17

1. Afirmação: a moda entre o indivíduo e a sociedade, 21
Emergência da moda: dinâmicas sociológicas da imitação e diferenciação, 24
Tarde e o "elo social": a moda como imitação, 24
Veblen e Simmel: uma moda baseada na diferenciação, 26
A moda identitária: um fenômeno sociocultural, 29
As fronteiras da moda, 29
A moda das "subculturas", 33

2. Convergência: a centralização das tendências, 37
A indústria da moda e suas redes sociais: dos fornecedores a montante aos consumidores a jusante, 40
Harrison White e os mercados, 40
Métodos de produção na moda, 45

A dinâmica das capitais da moda, 53
Os desfiles de moda, 53
Urbanidade da moda, 57
A produção da moda na globalização, 62

3. AUTONOMIA: EMERGÊNCIA E DINÂMICA DOS ESTILOS, 69
   Estilos e *designs* na moda, 71
   Conhecer os estilos, 71
   Moda, propriedade intelectual e moral, 76
   Os diferentes tipos de difusão: a moda como modelo, 81

4. PERSONALIZAÇÃO: A MODA DAS PROFISSÕES E DOS PROFISSIONAIS, 91
   "Criar" a moda, 92
   A "profissão" de criador, 92
   A questão da "grife", 101
   Em torno dos criadores: a organização das casas de moda, 104

5. SIMBOLIZAÇÃO: A FORÇA DAS MARCAS, 113
   Elaboração das marcas, 114
   A moda em face de seu significado, 114
   A gestão das marcas na moda, 119
   Formação dos consumidores?, 124

6. IMPERIALIZAÇÃO: A MODA SISTEMATIZADA, 131
   Os impérios da moda, 132
   O império da moda, 137

CONCLUSÃO, 143

REFERÊNCIAS BIBLIOGRÁFICAS, 147

Nota da edição brasileira

A moda afirma, une, distingue, separa. Identifica, conglomera e rechaça. Muitos fatores a ela se entrelaçam; sendo um fato social complexo, estabelece vínculos nas áreas da economia, da política, das artes, do lazer e do consumo numa dinâmica que muitas vezes dificulta sua análise. Em verdade, a moda, como afirma o autor, é um "lugar de encontro entre as diferentes disciplinas das ciências sociais".

No entanto, um aspecto da moda parece ser bastante relevante: o seu caráter ambíguo, que a situa entre as artes e a indústria, influenciando não apenas a economia e o consumo, mas a cultura. Ou seja, a moda não se restringe ao fato de produzir objetos. Sendo um fato artístico, a moda gera símbolos. Assim, não transforma apenas "tecidos em roupas", a moda cria "objetos portadores de significado".

Eis aí o grande interesse deste livro, mais um lançamento do Senac São Paulo, que discute a expressão da identidade social por meio da moda.

INTRODUÇÃO
A moda, um "fato social total"?

Os diferentes aspectos da moda

Na literatura consagrada à moda do ponto de vista econômico, histórico ou sociológico, muitos autores iniciam sua reflexão aborrecendo-se com a falta de pesquisa sobre o assunto. Em geral, eles explicam esse fato como desprezo da comunidade científica pela moda, que seria considerada superficial ou então a expressão de uma manipulação social que visa sustentar o consumo de maneira artificial (Crane & Bovone, 2006; Kawamura, 2005; Lipovetsky, 1987; Monneyron, 2006; Waquet & Laporte, 2002). No entanto, como explica a socióloga italiana Nicoletta Giusti (2009), os anos 1990 e 2000 assistiram à emergência de uma pesquisa interdisciplinar muito rica e fecunda sobre esse tema, por vezes designado com a expressão *fashion studies* ("estudos sobre a moda") ou *fashion-ology* ("modalogia") (Kawamura, 2005). A "modalogia" é, por um lado, um lugar de encontro entre as diferentes disciplinas das ciências sociais em torno de um objeto comum e, por outro, uma tentativa de reconciliação entre o tempo de duração da moda – o da renovação permanente –, e o tempo da ciência – o da análise dos fatos e da elaboração das teorias.

A moda encontrou dificuldade para se impor como um tema de pesquisa legítima por causa de sua complexidade e ambiguidade. Como sublinha o economista americano Richard Caves (2000), as indústrias criativas em geral, e a indústria da moda em particular, caracterizam-se pela falta de dados. Essa falta de dados, que resulta de uma dificuldade para medir a criatividade, os estilos e a cultura é, em geral, um sério obstáculo para o estudo científico da moda e das demais indústrias criativas.

A própria definição de moda é ambígua. Com efeito, a moda pode ser compreendida de duas maneiras diferentes. Em primeiro lugar, ela pode ser definida como a indústria do vestuário e do luxo (à qual podemos acrescentar os cosméticos), em que múltiplos protagonistas, como profissionais e empresas, desenvolvem carreiras ou estratégias (Crane & Bovone, 2006; Djelic & Ainamo, 1999). Essa perspectiva também engloba as modas de consumo dos indivíduos, grupos ou classes sociais que utilizam os modos de vestir para definir sua identidade (Davis, 1992; Hebdige, 1979). Essa definição da moda considerada uma indústria ressalta amplamente a temática do "adorno" (Simmel et al., 1998), mas dela se distingue. O adorno inclui não somente as roupas, mas também os ornamentos associados a elas, como os acessórios, as joias, as tatuagens ou a maquilagem. Desse modo, ele pode existir fora do âmbito da moda na qualidade de indústria.

Em segundo lugar, a moda pode ser definida como um tipo de mudança social específica (Simmel, 1904; Tarde, 1890), regular e não cumulativa (Benvenuto, 2000) e que, além do vestuário, manifesta-se em múltiplos domínios da vida social. Essa mudança é regular porque se produz a intervalos constantes e quase sempre curtos, por exemplo, duas vezes por ano no caso da moda relativa ao vestuário e de suas coleções primavera/verão e outono/inverno. A mudança, no entanto, não é cumulativa porque não acrescenta novos elementos às mudanças passadas: ela as substitui. Dessa maneira, a moda se distingue da mudança, que é cumulativa nos domínios científicos, tecnológicos ou até mesmo artísticos. Com efeito, o americano Thomas Kuhn (1962), filósofo das ciências, explica que uma descoberta científica nunca emerge de um vazio intelectual, mas se constrói a partir de trabalhos anteriores, que ela contesta ao mesmo tempo em que os incorpora e integra, como no caso da física quântica em face da física newtoniana. Da mesma forma, uma inovação tecnológica sempre ocorre quando se estabelece uma conexão com inovações pertencentes a mundos sociais que não estavam conectados anteriormente, como no caso da lâmpada elétrica, que não foi inventada apenas por Thomas Edison, mas por sua equipe de pesquisadores, que testaram um grande número de ideias antes de aperfeiçoar sua invenção (Hargadon, 2003). Por outro lado, no domínio das artes, um movimento artístico nunca é completamente novo e se desenvolve a partir de formas preexistentes, como é o caso do *rock'n'roll* a partir do *blues* e da música *country* (Ennis, 1992). Finalmente, a moda como mudança produz-se em numerosas esferas da vida social além da relativa ao vestuário, como na atribuição de nomes aos recém-nascidos por seus pais (Lieberson, 2000; Besnard e Desplanques, 1986), na adoção de novas ideias em ciências de gestão (Abrahamson e Fairchild, 1999) ou ainda na evolução da pilosidade facial entre os homens (Robinson, 1976).

Essas duas concepções da moda estão ligadas porque a moda, como indústria, produz estilos que são caracterizados por mudanças regulares e não cumulativas. Não obstante, vemos realmente que alguns aspectos da moda a ultrapassam no que se refere à indústria, como no caso da adoção de certo tipo de pilosidade facial entre os homens, e que alguns aspectos da indústria da moda não estão diretamente ligados à problemática da mudança regular não cumulativa, como no caso das técnicas de produção dos têxteis.

O objetivo deste livro é oferecer uma síntese ponderada sobre a moda, apoiando-se nos principais trabalhos acadêmicos produzidos sobre o assunto, sob uma perspectiva interdisciplinar e internacional. As traduções de textos em língua estrangeira são de fato do autor no caso de não existir tradução francesa preexistente. A moda na qualidade de indústria constitui o cerne da argumentação; entretanto, a moda como mudança regular e não cumulativa não é ignorada.

A moda como indústria criativa

A indústria da moda e do luxo constitui uma atividade econômica importante. Com efeito, de acordo com o instituto de pesquisas de mercado Euromonitor Internacional, essa indústria representa cerca de 6% do consumo mundial diante de todos os setores industriais, com uma cifra de 1,4 trilhão de euros em 2008. A título de comparação, o setor de automóveis vale um pouco menos de 4% do consumo mundial e o setor de telecomunicações, equipamentos e serviços não representa mais que 3%. Além de ser uma importante atividade econômica, a moda representa um objeto social singular no cruzamento entre as artes e a indústria. Enquanto os desfiles de moda semestrais de Nova York, Londres, Milão ou Paris são a ocasião para os criadores ou as criadoras de moda revelarem ao mundo seus talentos artísticos e deslumbrarem os espectadores, as casas de moda estão cotidianamente debatendo-se com decisões muito concretas, como a fixação de seus preços de venda, a localização geográfica de suas fábricas, a definição de seus canais de distribuição ou ainda a elaboração de suas campanhas publicitárias. Essas decisões estão muito próximas daquelas que podem ser tomadas em outras indústrias, *a priori* pouco similares, como a indústria automobilística ou a de telecomunicações, em que as empresas também se defrontam com decisões de produção e distribuição.

Na qualidade de indústria, a moda, portanto, é caracterizada por uma dualidade fundamental, posto que ela é ao mesmo tempo uma atividade econômica e uma atividade artística. É essa ideia que encontramos no artigo dos sociólogos franceses Pierre Bourdieu e Yvette Delsaut (1975), que escrevem que a moda repousa na força da "grife" dos criadores e das criadoras que transformam os objetos inertes, as matérias-primas, tais como o algodão ou a seda, em objetos "mágicos" portadores de *status* e diferenciação social, de um significado que é expresso por uma cor, forma ou logomarca.

A moda também apresenta a especificidade de ser caracterizada por uma demarcação muito nítida entre seus componentes "feminino" e "masculino", cada um dos quais tem sua sucessão de etapas de fabricação e suas próprias tendências. A moda feminina, entretanto, predomina tanto em importância econômica como em dinamismo (Manlow, 2007). Dessa forma, a maior parte dos trabalhos que se referem à moda concentram-se na moda feminina, apesar dos trabalhos recentes que tentam mudar esse estado de coisas (Chenoune, 1993).

Além de a moda ser uma atividade econômica pelo fato de produzir objetos, ela é também uma atividade artística porque gera símbolos. A moda não se contenta, portanto, em transformar tecidos em roupas, ela cria objetos portadores de significado. A moda é, por conseguinte, uma indústria cultural ou criativa. As fronteiras exatas das indústrias culturais ou criativas são imprecisas e variam de um autor para outro, mas elas abrangem em geral (além da moda) campos de atividade tão diversos como a arquitetura, as artes plásticas, o cinema, a imprensa, os videogames, a música, a publicidade, a televisão ou ainda o turismo e os esportes. Essas indústrias apresentam como ponto comum o fato de que são caracterizadas não somente pelo foco da criatividade e da estética no processo de produção, mas também pela primazia do lazer no processo de consumo.

O interesse por essas indústrias não é recente. O estudo dos bens culturais, e da cultura em geral, é uma maneira de ter acesso a mecanismos sociais subjacentes. Em particular, o estudo da "cultura" é central em sociologia desde os seus inícios, na França, com Émile Durkheim e, na Alemanha, com Max Weber. Para Émile Durkheim (1912), as dimensões coletivas e morais da vida social, as práticas e as representações estão intimamente ligadas e devem ser compreendidas simultaneamente. É também como opina Max Weber (1922), que vê no sentido subjetivo dado pelos indivíduos às suas ações o principal caminho de acesso para as estruturas subjacentes do mundo social. Nos dois casos, a cultura e a estrutura social estão intimamente ligadas.

O estudo das formas culturais em geral e o das indústrias culturais em particular foram constituídos, desde então, como um campo de pesquisa dinâmica. Nos Estados Unidos, desenvolveram-se várias tradições. Primeiramente a abordagem dita da "produção da cultura" que se interessa pela influência da estrutura dos mercados sobre a produção de bens culturais, especialmente do ponto de vista da diversidade e da inovação (DiMaggio, 1977; Lopes, 1992; Peterson & Berger, 1975; Peterson & Berger, 1996). Essa tradição é ainda hoje em dia muito dinâmica e concentra-se no estudo da emergência e da dinâmica dos gêneros, em particular na indústria musical, sendo a moda considerada um caso particular de mecanismos gerais que caracterizam todas as indústrias criativas (Lena e Peterson, 2008). Uma segunda tradição ligada à precedente, visto que está igualmente centrada nas questões de organização industrial, interessa-se pelos problemas de gestão da incerteza na indústria cultural, como na televisão (Bielby e Bielby, 1994), pelo "processamento das modas e dos entusiasmos" (Hirsch, 1972) e pelos protagonistas sociais, que constituem nesse caso a questão central das indústrias criativas. Uma terceira e última tradição distingue-se por uma exploração de tipo etnográfico das práticas e das representações artísticas, especialmente em torno das figuras tutelares dos sociólogos Howard Becker (1982) e Herbert Blumer (1969), sendo que este último estudou diretamente a moda parisiense.

Na Europa, também podem ser reconhecidas várias tradições. Em primeiro lugar, uma tradição que podemos qualificar de "culturalista" e que se interessa pela constituição de subculturas, como os *hippies*, os *mods* (modernistas), os *teddy boys* (subcultura do *rock* britânico dos anos 1950), os *punks* ou os *skinheads*, em torno de práticas e representações culturais particulares, especialmente quanto aos vestuários (Hebdige, 1979). Uma segunda tradição, mais especificamente francesa, desenvolve-se a partir dos trabalhos de Pierre Bourdieu e explora a formação dos campos artísticos e intelectuais (Bourdieu, 1992; Sapiro, 1999), nos quais a moda constitui, por vezes, o objeto de estudo (Bourdieu e Delsaut, 1975). Uma terceira tradição explora as dinâmicas profissionais e de mercado nas esferas de atividade artística (Moulin, 1967; Quemin, 1997), da qual a moda faz parte, especialmente se considerarmos o papel que uma metrópole como Paris desempenha nessas carreiras (Menger, 1993).

O primeiro decênio do século XXI assistiu a um renascimento da pesquisa em língua inglesa em relação às indústrias "criativas", "culturais" ou "estéticas", das quais a indústria da moda faz parte. Na economia, Caves (2000) procura definir as principais características das "indústrias criativas" (*creative industries*), a fim de distingui-las das indústrias para as quais a criatividade e a estética não constituem elementos centrais do processo de produção. Em sociologia, experiências conduzidas na internet esforçam-se para compreender melhor o papel da influência dos grupos sociais sobre as escolhas culturais dos indivíduos (Salganik *et al.*, 2006). Na geografia, a dinâmica da localização das indústrias criativas torna-se objeto de questionamento (Power & Scott, 2004). Ocorre a mesma coisa em campos interdisciplinares como o urbanismo, em que é analisado o impacto de uma nova "classe criativa" sobre as economias urbanas (Florida, 2002), ou os *cultural studies* (estudos culturais) nos quais a relação entre os criadores e as criadoras, por um lado, e a criação, por outro, tornam-se centrais (Entwistle, 2002).

A indústria da moda constitui um ponto de entrada particularmente pertinente para as indústrias da cultura em geral, primeiramente por sua importância econômica, mas também pela sua onipresença nas numerosas esferas da atividade econômica e social. A moda é, em muitos aspectos, um "fato social total".

Os seis princípios da moda

O conceito de "fato social total" é ambíguo. Marcel Mauss (1923), seu autor, demonstrava uma desconfiança pronunciada pela teorização excessiva, o que resultou numa obra fortemente fragmentada e desordenada, interpretada com frequência de maneira contraditória (Dubar, 1969). Não há, propriamente falando, um trabalho teórico no qual Mauss tivesse desenvolvido uma teoria geral do fato social total e de suas aplicações, mas ele oferece a seguinte definição:

> Os fatos que estudamos são todos, permitam-me a expressão, fatos sociais totais ou, se preferirmos – mas gostamos menos da palavra – gerais: quer dizer que eles mobilizam em certos casos a totalidade da sociedade e de suas instituições (*potlatch*, cerimônia praticada entre tribos indígenas da América do Norte, confronto entre clãs, visitas entre tribos, etc.) e em outros casos somente um grande número de instituições, em particular quando esses intercâmbios e acordos referem-se especialmente a indivíduos (Mauss, 1923, p. 274).

Um fato social total é, portanto, um fato social que implica profundamente os indivíduos e os grupos sociais e cuja compreensão considera o ser humano em sua totalidade. Nesse caso, o conceito de fato social total permite lutar contra a fragmentação científica e disciplinar que caracteriza a vida intelectual acadêmica. A moda é um fato social total, visto que além de ser simultaneamente artística, econômica, política, sociológica, ela atinge questões de expressão da identidade social.

A perspectiva desenvolvida neste livro é sociológica, porque a moda é uma indústria em que a elaboração do significado é central, quer quando se trata dos estilos ou das identidades dos grupos e dos indivíduos. A mudança regular e não cumulativa que caracteriza a moda inscreve-se nesse âmbito sociológico. Além disso, a moda de hoje é o resultado de um longo processo histórico cujas vicissitudes auxiliam na compreensão de suas principais características. Por exemplo, a localização geográfica das capitais da moda — Nova York, Londres, Milão ou Paris — é o resultado da história, de escolhas feitas por protagonistas sociais por vezes desaparecidos ou esquecidos, mas que, num certo sentido, estão sempre ativos por meio das instituições e das estruturas sociais que eles legaram a seus sucessores. Da mesma forma, a moda de hoje pode anunciar a moda de amanhã. Por exemplo, o lugar preponderante que a China e a Índia ocupam na produção de têxteis será acompanhado, talvez, por uma entrada significativa de criadores de moda desses países na cena estilística de uma moda globalizada. A dimensão prospectiva é, portanto, um convite para se utilizar o saber acadêmico apresentado neste livro, para a ação política ou econômica.

A presente obra organiza-se em torno de *seis princípios* que não constituem uma teoria petrificada da moda. Eles procedem de diversos horizontes das ciências sociais, sendo que cada um deles é uma síntese de teorias e de dados empíricos sobre um aspecto específico da moda. O primeiro princípio da moda é o da *afirmação*, por meio do qual indivíduos e grupos sociais imitam-se e diferenciam-se utilizando sinais, vestuários ou elementos compatíveis. O segundo princípio é o da *convergência*, que faz com que embora os estilos tenham origens múltiplas, sua produção e sua tradução em *designs* são produzidas em algumas casas de moda situadas num número limitado de cidades; a imensa variedade desses estilos fica reduzida a algumas tendências regularmente renovadas. O terceiro princípio é o da *autonomia*: as casas de moda são parcialmente autônomas em relação ao seu ambiente político ou econômico quando fazem suas escolhas estéticas. O quarto princípio é o da *personalização*, que coloca o criador ou a criadora de moda no centro da indústria da moda. O quinto princípio é o da *simbolização*, que confere às marcas um papel preponderante na relação entre produtores de moda e consumidores. Finalmente, o sexto princípio é o da *imperialização*, que leva em conta o fato de que a moda, dominada por um grupo restrito de conglomerados, encontra-se atualmente em numerosas esferas da atividade social.

CAPÍTULO 1
Afirmação: a moda entre o indivíduo e a sociedade

Como explica a historiadora americana Sarah-Grace Heller (2007), a moda, de acordo com a posição dominante de sua historiografia, surgiu "no Ocidente", nas cortes de Borgonha ou da Itália, nos séculos XIV ou XV, mais especificamente durante o período chamado "Primeira Modernidade" (2007, p. 46), isto é, durante a Renascença. Essa posição é reencontrada na obra do historiador francês Fernand Braudel (1979), que vê a moda como um produto da emergência da modernidade na Europa. O mesmo ponto de vista pode ser encontrado na obra da historiadora americana Valerie Steele:

> Desde 1393, um parisiense comum (não um nobre), preveniu sua esposa de 15 anos contra os estilos supérfluos. Mas já era muito tarde: o reino da moda inconstante já havia começado [...]. A moda não começou na França, e sim na Itália, onde esteve estritamente associada à emergência das cidades e de

uma classe média ascendente [...]. Da Itália, a moda moderna estendeu-se à corte de Borgonha, que foi chamada de o "berço da moda" (1998, pp. 15-18).

Entretanto, é necessário assinalar que outros pesquisadores propõem perspectivas diferentes: por exemplo, o historiador francês Philippe Perrot (1981) aponta que a emergência da moda ocorreu, na Europa, aproximadamente em 1700, mesmo quando ele identifica sinais precursores desde a Idade Média.

Para Heller, é inútil procurar uma origem única da moda: ela depende, com efeito, da maneira pela qual a moda é definida e das perguntas propostas pelos pesquisadores que a estudam. No século XIV, quanto ao vestuário, já existiam muitas mudanças regulares e não cumulativas em sociedades mais afastadas do Ocidente, como o Japão medieval, onde dizer que ele ou ela estão "de acordo com a moda" (*imamekashi*) era considerado o cumprimento mais belo que podia ser feito (Steele, 1998, p. 17). Da mesma maneira, Heller explica que a ideia de uma moda nascida no início do século XIV, no Oeste da Europa, procede de uma abundância de documentos relativos ao vestuário europeu dessa época, ao passo que as fontes históricas sobre as épocas anteriores são mais raras. Mais particularmente, ela cita um estudo de Paul Post (1952) como a origem da ideia de que a moda nasceu na Europa durante a Renascença; embora o próprio Paul Post houvesse argumentado em favor da origem da indumentária masculina moderna, não sobre a moda em geral.

No entanto, foi realmente durante a Renascença que a moda apareceu. O capitalismo, que assume impulso nessa época, permite a emergência de uma nova classe social – a burguesia –, que reconsidera a superioridade da aristocracia. Esse período caracteriza-se por certa tranquilidade política na Europa, com o fim das invasões, e com intensas transformações econômicas e científicas que redefinem os equilíbrios tradicionais (Lipovetsky, 1987). Os burgueses não hesitam em expressar, por meio de suas vestimentas e de seus acessórios luxuosos, sua nova força política, econômica e social, obrigando a aristocracia a reagir de uma maneira semelhante. O início da moda está, portanto, vinculado às elites, à burguesia e à aristocracia, e a imensa maioria da população está excluída dessa transformação. É importante notar que, em suas origens, a moda masculina também é dinâmica e diversificada, até mesmo mais que a moda feminina. Mesmo que os fenômenos da moda indumentária tenham ocorrido nas diferentes sociedades tradicionais ao redor do mundo, a moda que emerge com a modernidade é peculiar, especialmente pelo fato de sua rapidez e sua regularidade (Konig, 1967). É realmente a burguesia no Ocidente que, ao fazer da moda um fenômeno importante, provoca uma mudança repentina de direção nas classificações tradicionais.

A moda, com a mudança regular do vestuário, vem a ser, portanto, uma composição social preponderante com a burguesia e a dinâmica de ostentação de riquezas que ela cria, a fim de manter viva sua presença diante da aristocracia. O princípio fundador da moda é a "ostentação" (*conspicuity*), um termo introduzido no estudo da moda por Thorstein Veblen, economista americano de origem norueguesa (1899). A ostentação é a afirmação agonística, fundamentada na luta por posição econômica, *status* social ou inclusão cultural por meio de elementos visíveis e suscetíveis de serem interpretados por todos. No entanto, se o conflito original entre a burguesia e a aristocracia na Europa, no começo do capitalismo, é a matriz da moda, esse conflito transformou-se em seguida em lógicas identitárias menos conflituosas.

Parece, portanto, mais apropriado substituir o termo "ostentação" pela palavra "afirmação", que traduz a mesma ideia de comunicação de sinais identitários por meio do vestuário e de outros objetos ou práticas, sem necessariamente referir-se a uma postura agonística. Os indivíduos assinalam suas diversas inclusões sociais por meio de sinais identitários, dos quais as vestimentas constituem um elemento central, mas não o único, visto que as práticas culinárias, turísticas ou mesmo linguísticas também são sinais identitários. A ideia de que os protagonistas sociais trocam sinais é central na teoria econômica ou sociológica dos mercados. Por exemplo, o economista americano Michael Spence (1973), que introduziu o conceito de "sinal", explica que um diploma é um sinal da qualidade de um indivíduo no mercado de trabalho ou, em outros termos, do seu potencial de desempenho futuro em uma organização. Os indivíduos e os grupos sociais enfatizam sua inclusão social, quer ela seja econômica quer estatutária, entre outras, por meio de processos de descrição identitária. Isso porque a identidade social não é imediatamente perceptível, exceto em alguns casos específicos, como o momento em que sinais são levados no próprio corpo e são visíveis para todos que os observam. Por exemplo, no caso de alguns "estigmas" descritos pelo sociólogo canadense Erving Goffman (1963). A moda, portanto, nutre-se desses sinais identitários, pois é a partir deles que se desenvolvem seus fenômenos fundamentais de imitação e diferenciação.

Emergência da moda: dinâmicas sociológicas da imitação e diferenciação

TARDE E O "ELO SOCIAL": A MODA COMO IMITAÇÃO

A entrada da moda no pensamento econômico e sociológico moderno sobreveio por meio da ideia de uma necessidade "natural" de imitação do ser humano. Essa ideia foi particularmente desenvolvida pelo filósofo francês Gabriel Tarde (1890), cujo pensamento, como sublinham os sociólogos franceses Bruno Latour e Vincent Lépinay (2008), foi amplamente ignorado no século XX, apesar de sua riqueza e, mais especialmente, de sua pertinência para a compreensão da economia (Lépinay, 2007). Para Tarde, a vida social caracteriza-se por um princípio único que ele chama de "repetição universal". A repetição é um fenômeno dinâmico que se manifesta sob três formas: a "ondulação", a "geração" e, finalmente, a "imitação". Um ponto importante na teoria de Tarde é que, se essas três formas de repetição estão ligadas entre si, elas não são recíprocas e não têm a mesma importância conceitual. Ele escreve desse modo: "A geração não poderia prescindir da ondulação, que não necessita dela, e a imitação depende das outras duas, que não dependem dela" (Tarde, 1890, p. 37). A primeira forma de repetição, a ondulação, é para Tarde a base do que ele chama de "elo social". A ondulação liga os seres sociais entre si, ela é semelhante às ondas que aparecem quando "uma pedra cai na água" e "a primeira onda produzida repete-se e amplia-se até as bordas do lago do jardim" (Tarde, 1890, p. 18). A segunda forma, a geração, pode ser compreendida como a produção de novas formas, ligadas ou não às precedentes. Trata-se também da reprodução das entidades sociais que se põem em ação. A geração necessita da ondulação para existir e difundir-se, enquanto a ondulação pode existir sem a geração. Finalmente, a terceira forma, a imitação, não pode existir sem a ondulação, que é o fundamento dos mecanismos de difusão. Ela também não pode existir sem a geração, que lhe proporciona os elementos para se propagar, tais como uma ideia filosófica ou uma prática artesanal. A peculiaridade da imitação decorre de sua produção a distância, simultânea de um ponto de vista espacial e temporal. É diante desse contexto conceitual que Tarde desenvolve a sua teoria da moda. Para ele, a moda opõe-se ao costume. Ambos são formas de imitação, mas, ao passo que o costume é uma imitação rotineira do passado para uma dada entidade social, uma nação ou uma cidade, a moda é uma imitação do longínquo, no sentido temporal ou espacial. O costume é a normalidade rotineira da imitação que permite às entidades sociais reproduzirem-se de modo idêntico, enquanto a moda é uma imitação menos aguardada, mais surpreendente e que produz o novo. Tarde, de maneira muito esclarecedora, escreve: "Nas épocas em que prevalece o costume, envaidecemo-nos mais de nosso país que do nosso tempo, porque nos vangloriamos especialmente do tempo de outrora. Nas épocas em que a moda domina, orgulhamo-nos, ao contrário, mais de nosso tempo que de nosso país" (Tarde, 1890). Em suma, para Tarde, a moda é uma imitação que zomba das fronteiras sociais, culturais ou geográficas.

VEBLEN E SIMMEL: UMA MODA BASEADA NA DIFERENCIAÇÃO

Essa ideia de que a moda zomba das fronteiras sociais ou culturais é essencial para os desenvolvimentos teóricos ulteriores aos trabalhos de Tarde, em particular para o trabalho de Thorstein Veblen (1899) e para o do sociólogo alemão Georg Simmel (1904), que completam, cada um a sua maneira, o conceito de imitação como motor da moda com um segundo – o de diferenciação. Suas teorias da moda têm muitos pontos comuns, apesar de algumas diferenças notáveis.

Para Veblen, a moda deve ser compreendida como um efeito derivado da dinâmica do "consumo ostentatório" (*conspicuous consumption*), que ele descreve no seu principal livro, *Théorie de la classe de loisir* (1899). O estudo de Veblen é um estudo de estratificação social e começa com uma diferenciação entre a "classe ociosa" *(leisure class)* e a "classe trabalhadora" *(working class)*. Essa diferenciação não é comparável à feita por Karl Max entre burguesia e proletariado, porque aquilo que interessa a Veblen não é a posição das classes no processo de produção, mas especialmente sua relação com os objetos e o tempo. Enquanto as classes trabalhadoras – da qual fazem parte igualmente a burguesia e o proletariado – utilizam o tempo produtivamente, a classe ociosa usa o tempo de maneira não produtiva, isto é, ela não produz riquezas. Isso não quer dizer que a classe ociosa é inativa ou "indolente", para retomar um termo de Veblen, mas que ela se recusa a sujeitar-se ao trabalho. Para Veblen, a classe ociosa é um resquício das sociedades "bárbaras", uma aberração no mundo capitalista moderno. A classe ociosa caracteriza-se por um consumo ostentatório feito de esbanjamento e superfluidade. Veblen oferece um exemplo de consumo ostentatório: o uso das colheres de prata. Elas não são mais úteis que as colheres feitas com metal menos nobre, mas são mais caras e raras, e são exibidas diante dos convidados, o que serve para assinalar um *status* elevado. A mudança frequente de roupas que não estão gastas, que é a essência da moda, procede desse consumo ostentatório que visa desperdiçar recursos sem qualquer razão, a não ser pela diferenciação social.

Para Simmel (1904), a moda é um tema singular que pode permitir a percepção de tensões centrais na vida social. A moda é o resultado da necessidade de uma diferenciação das classes superiores, como bem descreve Veblen, por exemplo, e da necessidade de imitação das outras classes. Quando as classes superiores adotam um estilo, este é copiado pelas classes inferiores, que, ao imitá-las, desejam participar do prestígio das classes superiores.

AS LEIS SUNTUÁRIAS

A tomada de poder pela burguesia em relação ao vestuário, que acompanhou e até mesmo precedeu a tomada de poder político, não aconteceu sem resistência por parte da aristocracia, especialmente por meio de uma série de leis ditas "suntuárias".

Essas leis são regulamentações que enquadram e limitam o uso das vestimentas, dos alimentos ou das bebidas, quase sempre em função da inclusão social, étnica ou religiosa dos indivíduos.

Elas são histórica e analiticamente importantes para a compreensão da moda, visto que são uma expressão social e legal da luta entre a aristocracia e a burguesia para a dominação de novas sociedades capitalistas, já que democráticas, da Europa moderna.

A origem das leis suntuárias é antiga, e Montesquieu, no livro VII de sua principal obra, *De l'esprit des lois* (1758), interessa-se, por exemplo, pelas leis suntuárias dos romanos e chineses. Essas leis suntuárias "tradicionais" eram destinadas a esclarecer algumas regras relativas às vestimentas ou culinárias nas sociedades relativamente petrificadas de então e perduraram até a Idade Média, como por exemplo uma lei aragonense do século XII que proibia comer mais de dois tipos de carne por refeição.

As leis suntuárias "modernas" que aparecem na Europa com o capitalismo são defensivas e, em lugar de enquadrar os costumes, elas tentam limitar a mudança. Sua justificativa quase sempre é de ordem moral (enquadrar as práticas relativas ao vestuário para defender os "bons costumes") ou econômica (reduzir as importações ao proibir alguns produtos estrangeiros), mas elas são também, especialmente, uma maneira de a aristocracia tentar reprimir a burguesia. O seu número e a sua patente ineficácia (Natta, 1996) ilustram a que ponto a dinâmica da moda pode ultrapassar as instituições preexistentes.

Isso leva as classes superiores a adotar um novo estilo a fim de se diferenciar das classes inferiores, e esse novo estilo é novamente imitado, em um movimento que prossegue *ad vitam aeternam*, pelo menos nas sociedades modernas de tipo capitalista, em que os entraves institucionais como as leis suntuárias não limitam a difusão dos estilos. A dinâmica da diferenciação e da imitação como origem da moda é um aspecto bem conhecido e quase sempre citado da teoria de Simmel sobre a moda. No entanto, para Simmel, o interesse pela moda encontra-se na sua capacidade de preservar um equilíbrio dinâmico entre os polos opostos da vida social e psicológica, como a universalidade e a particularidade, ou ainda a criação e a destruição. A moda é aquilo que liga e reconcilia o individual e o coletivo, aquilo que permite que o indivíduo faça valer suas preferências dentro de um âmbito coletivamente determinado.

A moda identitária: um fenômeno sociocultural

AS FRONTEIRAS DA MODA

A abordagem de Simmel nos direciona para um fenômeno sociológico universal da moda. Com efeito, a moda, pelo fato de emergir de tensões no cerne da dinâmica social e porque ela contribui para a sua solução, torna-se então uma "matriz", por meio da qual podemos compreender os fatos sociais em vez de vê-la como um epifenômeno superficial relativo ao vestuário. A partir de então, a moda tem limites? Para responder a essa pergunta, pode ser útil voltarmos à etimologia do termo. "Moda", do latim *modus*, designa a maneira de fazer, compartilhando nesse caso o sentido do termo inglês *fashion*, que deriva do francês *façon* [feitio] (ver, por exemplo, o *Dictionnaire de l'Académie française* ou o *Oxford English Dictionary* para informações etimológicas mais amplas sobre os termos *mode* ou *fashion*). A moda é, portanto, a maneira ou a forma de fazer alguma coisa, e em particular de vestir-se, comer, falar, etc. A ideia de mudança histórica permanente, portanto, não é a primeira, no conceito de moda. O que vem em primeiro lugar é a diversidade das práticas e das representações, das maneiras ou formas de fazer e de ver. Compreender a moda implica, por conseguinte, compreender a mudança social. O sociólogo francês Michel Grossetti (2004) propõe uma tipologia da mudança social. Ele distingue duas dimensões da mudança: a imprevisibilidade e a irreversibilidade. A imprevisibilidade diz respeito à incerteza de uma sequência de ações ou de acontecimentos, enquanto a irreversibilidade tem relação com a incerteza das consequências desses acontecimentos. Por exemplo, um ritual como um aniversário é previsível, mas suas consequências são irreversíveis. O resultado de uma partida de pôquer é imprevisível, mas reversível (quando as apostas permanecem razoáveis). Os fenômenos rotineiros (pegar o metrô) são previsíveis e reversíveis. Alguns fenômenos, que Michel Grossetti chama de "bifurcações", são imprevisíveis e irreversíveis; por exemplo, para um dado indivíduo, uma mudança de carreira profissional depois de uma demissão por razões econômicas. Onde se situa a moda nessa tipologia? A moda é reversível, visto que as mudanças efetuadas em uma estação são, no essencial, suprimidas na estação seguinte. A imprevisibilidade da moda, no entanto, é mais ambígua e depende do ponto de vista adotado. Para os consumidores, ela é amplamente imprevisível, uma vez que, se os desfiles de moda sucedem-se, em nossos dias, a intervalos regulares, os mecanismos que regem as mudanças de estilos e *designs* permanecem obscuros. Para os produtores, a evolução dos estilos e *designs* é conhecida e controlada com antecipação – tema desenvolvido mais adiante no capítulo "Autonomia: emergência e dinâmica dos estilos". As fronteiras da moda são imprecisas e inconstantes. No século XXI, a moda abrange principalmente o vestuário e os produtos que lhe são associados, tais como os acessórios (chapéus, bolsas, entre outros) ou as joias (pulseiras, colares, entre outros), e sua influência estende-se amplamente sobre os cosméticos (especialmente os perfumes) e o *design* de interiores. A distinção entre vestuário, por um lado, e acessórios e joias, por outro, merece consideração porque ela permite abordar a questão entre a função dos objetos de moda e sua significação. Uma observação comum pretende que haja uma diferença essencial entre os vestuários, de um lado, e as joias e os acessórios, de outro. Enquanto aqueles exerceriam uma função de proteção (contra o frio, por exemplo), os acessórios seriam "apenas" puros constructos sociais e culturais. No entanto, como ressalta o sociólogo e filósofo francês Jean Baudrillard (1972), a função dos objetos é apenas a de uma "caução" para a sua dimensão principal, que é aquela de "valor de troca de sinal", ou seja, para simplificar sua significação sociocultural. Por ocasião de sua produção, os objetos são imediatamente dotados de um significado que transcende sua função.

A "MODA OPOSICIONISTA" COMO FONTE DE IDENTIDADE? DANDISMO E ANTIMODA

A "moda oposicionista" (Wilson, 2003), que se define como uma atitude autônoma relativa ao vestuário conforme as tendências dominantes, assumiu diferentes formas no decorrer da história, particularmente por meio de dois fenômenos: o do "dandismo" e o da "antimoda". O dandismo apareceu na Inglaterra no início do século XIX, com Beau Brummell (1778-1840), inventor do traje masculino moderno, inclusive com a obrigatoriedade do uso da gravata. O dandismo não se define por uma oposição sistemática às modas dominantes, mas especialmente por uma busca de "estilo" em relação à moda, por um absoluto estético individual que se opõe ao dinamismo coletivo da moda. O dandismo pode ser comparado ao anarquismo pelo fato de que os dândis, como os anarquistas, opõem-se a qualquer regra ou norma previamente estabelecida. No entanto, a comparação é limitada, visto que, contrariamente aos anarquistas, a revolta do dândi é "sublimada" nas suas roupas e não assume um aspecto político ou coletivo. Essa "sublimação da revolta" (Botz-Borstein, 1995, p. 286) ilustra também outra característica importante do dandismo, juntamente com o estilo e a revolta: o ludismo. Ao procurar o estilo individual e ao ignorar as normas, o dândi considera o mundo um jogo.

O dandismo, ao buscar o belo, refuta a instabilidade da moda. No que se refere à antimoda, ela se posiciona resolutamente contra a moda dominante, como nas subculturas musicais *punk* ou *grunge* (um estilo de *rock*). A antimoda assume a moda como referência e tenta derrubá-la. Entretanto, como ressalta o sociólogo americano Fred Davis (1992), um dos principais limites da antimoda é que, ao se definir unicamente como uma reação à moda, ela é, de fato, absorvida por ela. Outro limite refere-se ao fato de que nas sociedades contemporâneas complexas em que várias modas e subculturas podem coexistir, a antimoda perde seu sentido quando se dilui.

O dandismo e a antimoda oferecem uma ilustração impressionante dos mecanismos de imitação e de diferenciação que se encontram no cerne da moda. Enquanto que o dandismo é uma tentativa de neutralização por meio de uma diferenciação extrema, a antimoda é uma forma de diferenciação extrema que não refuta a imitação: antes de derrubá-la, nutre-se dela.

Isso é particularmente verdadeiro para as roupas que, como os acessórios e as joias, veiculam uma significação estatutária já apontada por Veblen e Simmel. De fato, a moda só existe porque os objetos, e em particular as roupas, tornaram-se independentes da satisfação de uma necessidade física ou de uma utilidade funcional imediata. Nesse caso, a moda é por definição um luxo, e é nesse fato que ela encontra suas origens (Freudenberger, 1963). O luxo é a primeira expressão do capitalismo, porque ele gera a moda (Sombart, 1913).

A MODA DAS "SUBCULTURAS"

A moda é, portanto, um elemento essencial na construção identitária dos indivíduos e dos grupos sociais. As roupas, como foi explicado anteriormente, são um elemento importante, mas não o único, visto que são usadas para revelar a posição estatutária dos indivíduos e dos grupos sociais. Entretanto, o *status* social não é o único componente das identidades individuais e coletivas. É preciso então se perguntar quais são os mecanismos sociais que subentendem a construção identitária além da dinâmica estatutária. Para o sociólogo inglês Dick Hebdige (1979), um dos fundadores dos *cultural studies*, corrente intelectual que considera a cultura de um ponto de vista interdisciplinar, a identidade é uma questão de estilo. Ela é concebida de início como um fenômeno coletivo que se vincula às subculturas.

Uma subcultura é um conjunto significativo de práticas e de representações que distinguem um grupo de indivíduos de outro. Ela se compõe de várias facetas, por exemplo, de roupas reconhecíveis e de gostos musicais específicos, mas também de ideias políticas mais ou menos estruturadas e de uma maneira particular de se expressar. É o que Hebdige chama de "homologia" entre os diferentes componentes de uma subcultura. No caso dos *punks*, ele explica:

> A subcultura *punk* confirma claramente essa tese. Sua coerência é inegável. Existe uma relação de homologia evidente entre

as roupas *trash* (uma roupa horrível, vulgar, um lixo), as cristas, o *pogo* (dança que parece uma briga campal com socos e chutes para todos os lados), as anfetaminas, as cuspidas, os vômitos, o formato dos *fanzines* (uma publicação não oficial e não profissional produzida por fãs de uma determinada cultura), as poses que têm o caráter de insurreição e a música frenética e "sem alma".

O repertório indumentário dos *punks* era o equivalente estilístico de um jargão obsceno e, por esse fato, "eles falavam como se vestiam" (1979, p. 121). Essa homologia foi reencontrada em outras subculturas, por exemplo, no movimento gótico que apareceu nos inícios dos anos 1980 na esteira do *punk*. Para o sociólogo inglês Paul Hodkinson (2002), uma das particularidades da subcultura gótica é que ela se caracteriza por uma tensão entre individualidade e inclusão no grupo. O que ele chama de "ideais" góticos ressalta a importância da individualidade e a necessidade de se distinguir das influências *mainstream* (tendência em voga) seguidas pelos *trendies* (categorização social da pessoa que segue a moda moderna e ouve a música em voga sem seguir nenhum gênero musical em particular), para retomar dois termos usados no núcleo da subcultura gótica. No entanto, nessa subcultura há uma forte consciência de se pertencer a um conjunto homogêneo. Os indivíduos que recorrem ao movimento gótico resolvem assim a tensão entre a individualidade e a inclusão coletiva por meio de uma personalização de seus gostos no âmago de um conjunto limitado e regulado de escolhas musicais ou indumentárias, lembrando a lógica de Simmel descrita anteriormente.

A moda, interagindo com numerosos outros campos culturais, proporciona aos indivíduos e aos grupos os sinais para que eles construam sua identidade, que, então, não é mais unicamente estatutária, mas também "estilística", não é mais somente vertical, hierárquica, mas também "horizontal", ou seja, não hierárquica. Por exemplo, os *punks* e os *skinheads*, distinguem-se estilística e politicamente, mas não estatutariamente, porque eles se posicionam em classes médias e operárias.

A moda e a aparência (ou o parecer) são dois fatos sociais intimamente ligados, mas diferentes. De um lado, a moda é caracterizada por uma mudança permanente; de outro, a aparência é relativamente estável, visto que ela, em parte, está inscrita no corpo, como nos traços do rosto ou na estatura. Segundo o sociólogo francês Jean-François Amadieu (2002), a aparência influencia numerosos aspectos da vida dos indivíduos, especialmente seus sucessos e fracassos, mesmo quando sua apreciação depende do contexto histórico, cultural ou socioeconômico. No entanto, a aparência pode ser modificada, e a visão idealizada dos corpos, assim como os próprios corpos, podem ser submetidos aos movimentos da moda (Hollander, 1993). Para Simmel *et al.* (1998), o "adorno" permite aos indivíduos exibir-se mutuamente e, portanto, ligar-se por meio de considerações estéticas. Ele é a parte "artificial" da aparência: trata-se de uma manipulação dos sinais relativos aos vestuários ou aos cosméticos, que visam veicular uma determinada impressão.

De um ponto de vista histórico, a moda emerge, portanto, do desmoronamento das estruturas sociais tradicionais e de seus âmbitos normativos, em particular os jurídicos, como no caso das leis suntuárias: a moda progride no espaço onde as tradições regridem. Sua dinâmica feita de imitação e diferenciação esclarece particularmente dois aspectos importantes da vida social.

Em primeiro lugar, existem numerosos níveis de ação entre o indivíduo e a sociedade. É nesse espaço intermediário que a moda se manifesta. Ao escolher as roupas e os acessórios, os indivíduos reafirmam constantemente sua inclusão ou sua não inclusão em certos grupos sociais, culturais, religiosos, políticos ou ainda profissionais.

Em segundo lugar, a moda é "relacional". Cada indivíduo pode ter múltiplas identidades, que podem ser públicas ou privadas, formais ou informais e revelam-se quase sempre contraditórias. Essas identidades nunca são, todavia, puramente individuais, mas sim coletivas. A moda é uma produção e uma reprodução permanente do social.

CAPÍTULO 2
Convergência: a centralização das tendências

O segundo princípio que define a moda tal como a conhecemos hoje em dia é o princípio da convergência. Esse princípio significa que a moda se caracteriza pela existência de tendências. Como explica o sociólogo francês Guillaume Erner, as tendências são "focalizações do desejo" (2009, p. 5), de capacidade e de escala variáveis, que levam numerosos indivíduos a adotar, durante certo período, algumas atitudes ou alguns gostos. As tendências existem num grande número de esferas da vida social e não unicamente na indústria do vestuário: "Essas convergências do gosto coletivo, por exemplo, aprovaram por grande maioria os biscoitos macios e, em seguida, os *macarons*, o tênis depois do golfe, os automóveis híbridos após os '4 x 4'" (Erner, 2009, p. 5).

A fim de compreender a especificidade do princípio da convergência na moda indumentária, pode ser útil passar rapidamente em revista a forma que esse princípio pode assumir em outros domínios. Por exemplo, os sociólogos americanos Stanley Lieberson e Eleanor Bell (1992), em seu estudo sobre a atribuição de nomes aos recém-nascidos nos Estados Unidos, fazem uma diferenciação entre as tendências que dependem de "organizações comerciais e/ou de instituições sociais" (1992, p. 511) e aquelas que dependem de "condições culturais subjacentes e da ação de mecanismos que não são determinados simplesmente por esses esforços organizacionais" (1992, p. 512). Na primeira categoria encontramos a maior parte das artes e das indústrias criativas e, na segunda, diversos fenômenos sociais, tais como a atribuição de nomes aos recém-nascidos. Em qual categoria encontra-se a moda indumentária? Lieberson e Bell hesitam. Na verdade, como eles descrevem, os "criadores, fabricantes e comerciantes desempenham papéis importantes na definição da moda indumentária" (1992, p. 511), mas eles observam que há também "atributos culturais subjacentes e mecanismos de gosto que conduzem à mudança" (1992, p. 512).

O fato é que, no domínio da moda indumentária, o princípio de convergência é assegurado por um mecanismo de centralização que permite aos profissionais canalizar as evoluções que eles têm dificuldade para controlar. Isso significa que, se os estilos e os *designs* criados e produzidos pelas casas de moda têm múltiplas origens, eles são selecionados e produzidos por um número reduzido tanto de empresas quanto de locais geográficos. Essa centralização não é tão óbvia e ela apareceu na França por ocasião do reinado de Luís XIV (1643-1715). Ela é o resultado de um duplo processo político: a consolidação da França como potência central na Europa e a afirmação paralela de Versalhes e Paris como centros políticos, culturais e econômicos franceses.

Em 1648, com os Tratados de Paz de Westfália que finalizam a Guerra dos Trinta Anos, confronto que envolveu a maior parte dos Estados europeus, a França torna-se a primeira potência europeia, diante de uma Espanha enfraquecida pela perda de Portugal e das Províncias Unidas. Dessa forma, Luís XIV dá sequência à política de centralização do Estado, iniciada por seus predecessores, particularmente ao reagrupar os nobres na corte de Versalhes. Para Luís XIV, o deslocamento da corte é uma maneira de controlar os diferentes poderes locais e de firmar o poder do soberano, especialmente depois da dupla revolta do Parlamento de Paris e de alguns aristocratas durante o período de grandes distúrbios, chamado de "Fronda" (1648-1653).

A "monarquia absoluta" de Luís XIV gera uma centralização sem precedentes nas tendências indumentárias europeias. Essa situação é nova, visto que até então diferentes influências, vindas da Espanha, dos Países Baixos ou também da Inglaterra, disputavam a atenção dos aristocratas e dos burgueses europeus. Essa centralização da moda foi, em parte, uma estratégia consciente por parte do rei e de seus ministros, não apenas com o objetivo de ocupar o espírito dos nobres e de desviá-los de suas intrigas políticas, mas também de consolidar o poderio da França e de seu estado; foi assim que Jean-Baptiste Colbert (1619-1683), inspetor geral das finanças entre 1665 e o ano de sua morte, pôde declarar que "a moda é para a França o que as minas de ouro do Peru são para a Espanha". A centralização da moda permite uma coordenação das tendências que são definidas por um grupo central de casas de moda situadas num número limitado de "capitais da moda". Sua estrutura historicamente sofreu alterações, especialmente quando foi aberta a recém-chegados de acordo com as necessidades de desenvolvimento das modas de produção e consumo capitalistas. Contudo, essa centralização conserva seu papel de diminuição da incerteza dentro de um mercado intrinsecamente instável.

A indústria da moda e suas redes sociais: dos fornecedores a montante aos consumidores a jusante

HARRISON WHITE E OS MERCADOS

A moda apresenta a particularidade de ser ao mesmo tempo uma indústria e uma arte. Na qualidade de indústria, ela pode ser representada como um fluxo de bens produzidos pelo conjunto das casas de moda que servem de "interface" entre um "montante" de fornecedores e uma "jusante" de consumidores. Essa concepção dos mercados como uma interface entre um montante e uma jusante é devida ao sociólogo americano Harrison White (1981, 2002). Seus trabalhos foram popularizados na França pelo economista Olivier Favereau e o sociólogo Emmanuel Lazega em uma série de estudos interdisciplinares (2002). A ideia central dessa perspectiva é que os mercados são conjuntos de redes sociais complexas. Essas redes estabelecem relações entre os diferentes protagonistas do mercado, ao longo do tempo, e conduzem à formação de "perfis" de mercado relativamente estáveis, que posicionam os diferentes produtos em "nichos"; tudo isso em função da qualidade do produto e do nível da produção. Essa abordagem é inovadora porque submete a um novo exame algumas suposições da economia neoclássica tradicional (White *et al.*, 2008; White e Godart, 2007). Em particular, enquanto os economistas julgam o mercado somente como formações sociais efêmeras, nas quais o encontro de procura e oferta conduz instantaneamente ao estabelecimento de um preço, Harrison White leva em consideração uma pluralidade de protagonistas e a dimensão *temporal* de suas trocas. Com efeito, para White, não é suficiente levar em conta unicamente a oferta e a procura para compreender os mercados.

Aos produtores e consumidores é preciso acrescentar os fornecedores.

Desse modo, na indústria da moda, as casas de moda, que criam os estilos e os *designs*, abastecem-se de matérias-primas do mundo inteiro. Elas transformam em bens culturais e repletos de significados matérias-primas inertes como o algodão e a seda. Além disso, a especificidade dos mercados é que eles constituem apostas no futuro. Os produtores comprometem-se num tempo *t* a produzir certa quantidade de bens que serão vendidos num tempo *t* + *1*. A estrutura da procura em *t* + *1* não é conhecida de antemão e representa um risco maior para os produtores. Esse fenômeno de "aposta no futuro" encontra-se de maneira impressionante na moda, na qual os ciclos de produção iniciam-se muito cedo, com uma antecedência, em certos casos, de até dezoito meses. Como ressaltam Peter Doeringer, economista americano, e Sarah Crean, diretora do Garment Industry Development Corporation (GIDC) em Nova York (2006), uma casa de moda trabalha sempre em pelo menos três coleções simultâneas: a da estação precedente, cujas vendas devem ser seguidas, a da estação em curso, em que é preciso preparar os modelos e assegurar a promoção, e, finalmente, a da estação seguinte, na qual é preciso pensar no estilo e na orientação.

A centralização da moda é assegurada pelas casas de moda, que criam os estilos e *designs* que são vistos nos desfiles das principais cidades do mundo. Ela assumiu, historicamente, diversas formas. Logo no início, na sua origem, ela se apoiava no poder político centralizador e expansivo da realeza francesa: o "colbertismo" (doutrina econômica e política do século XVII, teorizada e desenvolvida por Jean-Baptiste Colbert, inspetor geral das finanças de Luís XIV), que tinha por objetivo concentrar a produção de têxteis na França, permite aos alfaiates ou modistas franceses tornar completa sua dominação sobre os seus concorrentes europeus. Antes da invenção das lojas no final do século XVIII, e dos desfiles de moda no século XIX, os estilos e modelos parisienses eram divulgados para os concorrentes com a ajuda de "bonecas", que difundiam as versões em miniatura das últimas tendências. A centralização em seguida mudou de natureza, com a emergência da alta-costura na segunda metade do século XIX. Os costureiros parisienses, por vezes chamados de "grandes costureiros", ao mesmo tempo em que conservavam certa margem de manobra em suas criações, estavam unidos por laços pessoais fortes e pela existência de uma associação profissional que coordenava suas atividades.

Apesar de sua centralização, o mercado da moda apresenta diferentes segmentos, que se destinam a diferentes tipos de consumidores e caracterizam-se por diferentes processos de produção. Doeringer e Crean (2006, pp. 357-359) propõem organizar os diferentes segmentos da moda na forma de pirâmide. Quanto mais nos afastamos da base da pirâmide, mais os produtos são caros, de boa qualidade e mais se caracterizam por ciclos curtos de produção e pela vida breve dos produtos, além de uma maior incerteza em relação à demanda e um trabalho mais acentuado sobre o estilo e a diferenciação dos modelos. Dessa forma, no alto da pirâmide encontra-se a "alta-costura", uma denominação legalmente protegida na França (ver o boxe nas páginas 43-45), que se caracteriza por preços extremamente elevados e um ciclo de vida bastante breve, um ano no máximo. A criatividade dos modelos de alta-costura e a qualidade dos materiais empregados tornam-na um segmento à parte. Abaixo da alta-costura, encontramos vários segmentos de *prêt-à-porter*: em primeiro lugar, as "coleções de criadores" (*designer collections*), caras e de boa qualidade, mas cujos modelos não são únicos e, em seguida, as coleções ditas "intermediárias" (*bridge fashion*), para difusão mais ampla e a preços mais moderados, e finalmente a moda de massa (*better fashions*), a preços moderados.

O QUE É ALTA-COSTURA?

A mitologia da moda concede um lugar muito importante para a "alta-costura", uma especialidade francesa. O costureiro de origem inglesa Charles Frederick Worth, que imigrou para a França, é considerado o pai da alta-costura, que se organiza desde 1868 em torno da "Chambre syndicale de la confection et de la couture pour dames et enfants", que se transforma na "Chambre syndicale de la couture parisienne" em 1911. Essa câmara sindical (hoje chamada "Chambre syndicale de la haute couture") está integrada, desde 1973, no conjunto mais amplo da "Fédération française de la couture, du *prêt-à-porter* des couturiers et des créateurs de mode" ao lado da "Chambre syndicale du *prêt-à-porter* des couturiers e des créateurs de mode" e da "Chambre syndicale de la mode masculine". Ela cuida dos interesses dos profissionais da alta-costura.

A denominação "alta-costura" é preservada, e a lista dos costureiros que a compõem é regularmente revisada pelo Ministério da Indústria. No inicio dos anos 1990, uma reforma produziu uma flexibilização das condições que deviam ser preenchidas para uma casa de moda tornar-se uma casa de alta-costura: por exemplo, o número mínimo de 75 modelos que deveriam ser apresentados foi reduzido a cinquenta "passagens" de modelos e o número mínimo de empregados também foi diminuído; esses ajustamentos correspondem a uma evolução das práticas (Leboucq, 1992). Em 2009, para as coleções primavera/verão apresentadas entre a segunda-feira, dia 26 de janeiro, e a quarta-feira, dia 28 de janeiro, a Câmara foi composta de onze membros (Adeline André, Anne-Valérie Hash, Chanel, Christian Dior, Christian Lacroix, Dominique Sirop,

Emanuel Ungaro, Franck Sorbier, Givenchy, Jean-Paul Gaultier e Maurizio Galante), bem como quatro membros correspondentes, quer dizer, estrangeiros (Elie Saab, Giorgio Armani, Martin Margiela e Valentino) e treze membros convidados.

Numerosos criadores franceses ou estrangeiros criam modelos de qualidade comparável à dos costureiros, mas não são incluídos nos desfiles de "alta-costura", para proteger a denominação. Os desfiles de moda de alta-costura não são apresentados no mesmo período dos desfiles de *"prêt-à-porter"* (*ready to wear*). Os modelos de alta-costura são geralmente únicos, feitos sob medida, muito caros (de alguns milhares a algumas dezenas de milhares de euros) e reservados para uma clientela muito abastada de alguns milhares de pessoas por todo o mundo.

A questão do desaparecimento da alta-costura é colocada com regularidade. Com efeito, em primeiro lugar, em termos efetivos, o declínio do setor é patente: se havia 106 casas de alta costura em 1945, na França, já não eram mais que 23 em 1975 e 11 desde 2002 (Kawamura, 2004, p. 44). Em seguida, o custo elevado das criações de alta-costura, associado a uma clientela limitada se bem que rica, concilia-se mal com a lógica de rentabilidade dos grupos de moda contemporâneos. No entanto, a alta-costura ainda se mantém por várias razões. Primeiramente porque a alta costura ocupa um lugar importante aos olhos do público e porque ela participa da constituição de um imaginário em que a moda é considerada um "luxo", como observa a revista *Vogue* desde 1973: "O que há de mais anacrônico, de ainda mais repleto de sonho que os barcos à vela? A 'Alta-costura'. Ela desmoraliza a economia, contraria as técnicas de rendimento, é uma afronta à democratização [...]. Por que a 'Alta-costura'?, pensam alguns difamadores... E por que o champanhe?" (*Vogue*, edição francesa, setembro de 1973, p. 153). Além disso, a alta-costura é uma atividade econômica sempre significativa que participa do esplendor internacional de Paris, e os poderes públicos franceses estão realmente conscientes desse fato, como testemunha a atenção dedicada à reforma da alta-costura no inicio dos anos 1990 (Leboucq, 1992). Finalmente, a alta-costura sobrevive porque ela é um verdadeiro "laboratório de ideias", um "cadinho da criação" para retomar os termos da resposta do Ministério da Cultura para a "Questão escrita nº 19.645" (a respeito da "Situação do emprego na alta-costura"), formulada pela senadora de Paris, Nicole Borvo (Partido Comunista Francês), publicada no *Journal Officiel du Sénat* em 19 de dezembro de 1996.

A alta-costura e o *prêt-à-porter* caracterizam-se pela existência de coleções e mudanças anuais de *designs*. As "roupas de base" (*fashion-basics*), tais como os *jeans* ou as camisetas, e as "roupas de primeira necessidade" (*basic commodities*) (meias, algumas roupas íntimas) não seguem os ciclos sazonais da moda *prêt-à-porter* e da alta-costura.

MÉTODOS DE PRODUÇÃO NA MODA

Os métodos de produção da alta-costura evoluíram muito pouco desde os primeiros dias da moda: eles permanecem essencialmente manuais e requerem uma grande especialização técnica, o que explica o preço final das roupas. O documentário de Loïc Prigent, *Signé Chanel* (2005), que acompanha a realização de uma coleção da casa Chanel, ilustra bem as diferentes profissões que coexistem no mundo da alta-costura. Se o grande costureiro Karl Lagerfeld e sua equipe desenham os croquis e escolhem os tecidos, as "primeiras do ateliê" (ou primeira oficina: pequenas mãos velhas que ganharam experiência em costura e são responsáveis pelos seus *workshops*) (madame Martine, madame Jacqueline e madame Cécile) revelam-se indispensáveis para concretizar as "visões" dos criadores. Do mesmo modo, alguns elementos indumentários necessitam do auxílio de artesãos especializados, como madame Pouzieux para a passamanaria e os galões, ou o senhor

Massaro para os calçados. A alta-costura se mantém, portanto, como uma atividade essencialmente artesanal e artística. No entanto, como sublinham os economistas John T. Dunlop e David Weil (1996), o restante da indústria adotou técnicas de produção mais modernas, mesmo que elas tenham evoluído pouco desde os anos 1930. Assim, eles explicam que, nos anos 1990, cerca de 80% das roupas produzidas nos Estados Unidos foram feitas segundo um procedimento de *progressive bundle system* ou PBS. Esse procedimento, que pode ser traduzido em francês por "montagem progressiva por pacotes" (Brossard, 1998), é de inspiração tayloriana (fragmentação das atividades e especialização dos trabalhadores), ou seja, ele repousa nos princípios da "organização científica do trabalho" (OST), definidos pelo engenheiro americano Frederick Winslow Taylor (1856-1915) no seu livro *La Directiom scientifique des entreprises* (1911). O objetivo de Taylor, tal como ele o descreve nas primeiras páginas de seu livro, é permitir que empregadores e empregados atinjam uma "prosperidade máxima" comum. Essa prosperidade só pode ser atingida, segundo ele, por meio da utilização de métodos científicos de organização do trabalho: para cada tarefa de um processo de produção, a direção deve definir a maneira mais eficaz de realizá-la, seja adotando os métodos empíricos desenvolvidos pelos operários, seja aperfeiçoando-os. Essa primeira etapa conduz a normas de trabalho "objetivas", que os operários são obrigados a seguir e a direção, a fazer respeitar dentro de um espírito de colaboração.

No entanto, se o método de montagem progressiva por pacotes na moda é de inspiração tayloriana, ele se diferencia de métodos similares em outras indústrias. Com efeito, a natureza pouco rígida dos materiais têxteis torna difícil a utilização de máquinas-ferramentas e a automatização completa das cadeias de produção, contrariamente ao que podemos encontrar em outras indústrias, como a indústria automobilística. É por isso que a moda se mantém como uma indústria rica em mão de obra (Dunlop & Weil, 1996, p. 337). Concretamente, a criação de uma roupa está dividida em certo número de operações desenvolvidas em série. Cada operação é realizada por um grupo de operários ou operárias, que, no início da operação, recebem um "pacote" de roupas não acabadas e que serão transformadas. Uma vez terminada a operação, eles passam esse "pacote" transformado para o grupo seguinte, e assim por diante. Apesar de cada operação levar muito pouco tempo, alguns minutos no máximo, geralmente um dia inteiro lhe é atribuído, a fim de evitar, especialmente, eventuais atrasos. Desse modo, se uma calça requer, para ser feita, somente 28 minutos de trabalho, o processo total de produção pode levar aproximadamente quarenta dias, pois são necessárias quarenta operações para completá-lo (Dunlop & Weil, 1996, p. 338). A vantagem em termos de custos é certa, mas esse processo também pode retardar o ciclo de produção, visto que uma das operações críticas pode sofrer um atraso e, com isso, criar estoques de roupas inacabadas.

Desde os anos 1990, entretanto, novas técnicas de produção apareceram, tanto do ponto de vista da criação e do *design* como da organização do trabalho nas fábricas. No que se refere à criação, a multiplicação de ferramentas informáticas e de *softwares* tornou a experimentação e a pré-visualização dos *designs* mais fáceis. No que diz respeito à produção, a emergência do "sistema modular" (*modular system*) pode revolucionar potencialmente a produção das roupas e, pelo efeito de ricochete, a própria moda com a aceleração de seus ciclos. O sistema modular também decorre de uma ideia de divisão de tarefas, mas esta se desenvolve no âmago de pequenos grupos ou equipes de operários, entre cinco e trinta. Contrariamente ao sistema por pacotes, os operários e as operárias podem ajudar-se mutuamente se uma das etapas da produção diminui, favorecendo dessa maneira um encadeamento muito mais flexível das operações. Existe também, pelo menos parcialmente, uma supervisão interna à equipe. Um último ponto sublinhado por Dunlop & Weil (1996, p. 339) é que, no caso do sistema modular, a remuneração não depende da produção individual, mas da produção da equipe. Desse modo, eles explicam que o sistema modular introduz uma tripla revolução: uma remuneração coletiva, uma supervisão interna e a aquisição de múltiplas competências.

Diversos estudos empíricos parecem indicar que a produção modular é mais eficaz que a produção por pacotes, especialmente nos segmentos mais "básicos" da indústria, em razão de uma melhor autorregulação dos empregados (Berg *et al.*, 1996) Isso levou Dunlop e Weil a questionar por que ele representa somente 10% da produção americana de roupas nos anos 1990, visto que o sistema modular é mais eficaz e posto em execução por numerosos protagonistas da indústria, entre os quais os sindicatos e as empresas,. De acordo com suas conclusões, se bem que várias explicações sejam possíveis, especialmente a de certa resistência à mudança por causa do custo dessa inovação, as modificações nos modos de produção podem permitir que os produtores americanos melhorem suas performances.

Se os diferentes segmentos da moda podem ser expressos sob a forma de uma pirâmide, o processo de produção que orienta os fornecedores de matéria-prima como o algodão e a seda, e até os consumidores finais de roupas, pode ser representado sob a forma de uma "cadeia de valor" – um conceito muito utilizado em gestão e desenvolvido pelo economista americano Michael Porter (1985).

Cadeia de valor é uma representação estilizada das diferentes etapas de um processo de produção. Em cada etapa, um "valor", no sentido econômico do termo, é acrescentado ao produto final por causa de sua transformação, por isso o conceito tem esse nome. Dessa maneira, a cadeia de valor da moda compõe-se, segundo Jennifer Bair e Gary Gereffi (2001), de nove elementos ou etapas: 1) a criação dos têxteis a partir de matérias-primas; 2) a preparação; 3) o *design* e o desenvolvimento dos produtos; 4) o corte; 5) a montagem; 6) a lavagem e o acabamento; 7) a distribuição para os comerciantes; 8) o *marketing*; 9) a venda para os particulares.

Para Bair e Gereffi, apenas três etapas permanecem preservadas como domínio exclusivo das casas de moda dos países industrializados e não foram deslocadas para os subcontratados em países com baixos salários: o *design*, o *marketing* e a distribuição para os particulares.

As tabelas 1 e 2 (pp. 50-51) permitem avaliar o impacto, na indústria americana do vestuário, dos deslocamentos da produção para os países com salários baixos. Eles proporcionam uma visão de conjunto das indústrias do vestuário e do couro nos Estados Unidos entre 1997 e 2001, utilizando os códigos de classificação NAICS (North American Industry Classification System) 315 e 316, respectivamente. Os dados, nominais, são em dólares americanos (US$), a fim de facilitar a análise das evoluções transitórias e de neutralizar os efeitos de câmbio com o euro. Uma primeira conclusão impõe-se em relação aos dois mercados: há um declínio regular da produção, do emprego e dos investimentos nos Estados Unidos de 1997 a 2001. Essa tendência prolonga um declínio do

Tabela 1 | Produção e emprego no setor de vestuário nos Estados Unidos, 1997-2001 (dados nominais)

	Vestuário (NAICS* 315), milhões de US$							
	1997	1998	1999	2000	2001	1998-1999	1999-2000	2000-2001
Dados industriais								
Produção	68018	64932	62305	60339	54598	-4,0%	-3,2%	-9,5%
Produção (dólares 1997)	68018	64649	61816	59615	54121	-4,4%	-3,6%	-9,2%
Emprego total (em milhares)	711	649	578	520	456	-10,9%	-10,0%	-12,3%
Emprego operário (em milhares)	592	542	471	420	369	-13,1%	-10,8%	-12,1%
Despesas com capital	941	935	986	962	751	5,5%	-2,4%	-21,9%
Dados comerciais								
Exportações	8274	8412	7876	8104	6469	-6,4%	2,9%	-20,2%
Importações	47084	52298	55104	62928	62429	5,4%	14,2%	-0,8%

Fonte: U.S. Department of Commerce, Bureau of the Census, International Trade Administration (ITA).

* NAICS é o padrão utilizado pelas agências nacionais de estatística para classificar os estabelecimentos comerciais, com a finalidade de coletar, analisar e publicar dados estatísticos relativos às economias das empresas americanas. (N. T.)

Tabela 2 | Produção e emprego no setor de couro (portanto, de calçados) nos Estados Unidos, 1997-2001 (dados nominais)

	Couro e produtos derivados (NAICS 316), milhões de US$							
	1997	1998	1999	2000	2001	1998-1999	1999-2000	2000-2001
Dados industriais								
Produção	10.877	10.186	9.653	9.647	8.834	-5,2%	-0,1%	-8,4%
Produção (dólares 1997)	10.877	10.231	9.711	9.563	8.481	-5,1%	-1,5%	-11,3%
Emprego total (em milhares)	85	81	74	69	62	-8,8%	-6,2%	-10,8%
Emprego operário (em milhares)	69	65	60	55	49	-8,9%	-7,1%	-11,2%
Despesas com capital	167	136	154	153	96	13,2%	-0,6%	-37,0%
Dados comerciais								
Exportações	2.422	2.459	2.293	2.322	2.285	-6,8%	1,3%	-1,6%
Importações	19.277	19.530	19.976	21.463	21.865	2,3%	7,4%	1,9%

Fonte: U.S. Department of Commerce, Bureau of the Census, International Trade Administration (ITA).

Tabela 3 | Emprego no setor do vestuário e do couro na França 1997-2008

	1997	1998	1999	2000	2001	2002	2003	2004	2005	2006	2007	2008
Empregos (em milhares)	165	158	143	133	125	116	105	96	87	83	79	74
Variações anuais (%)	-3,9	-4,4	-9,5	-6,7	-6,5	-6,6	-9,7	-8,7	-9,2	-4,9	-5,1	-6,2

Fonte: Insee (Instituto Nacional de Estatísticas e Estudos Econômicos).

setor desde o início dos anos 1980. Uma segunda conclusão é que esse declínio da produção nos Estados Unidos é compensado por um aumento das importações. Essa substituição da produção local pelas importações é típica de uma dinâmica de deslocamento.

Uma análise em relação ao emprego nas mesmas indústrias na França (tabela 3, na página 52) revela tendências similares àquelas observadas nos Estados Unidos. Os deslocamentos atingem o conjunto dos países industrializados, mesmo quando alguns deles são menos atingidos que outros, como a Itália com a manutenção de distritos econômicos dedicados ao vestuário ou aos calçados, como Brenta (Rabellotti, 2001).

Os deslocamentos significam, por essa razão, o fim da centralização da moda? Na verdade, essa centralização persiste pela definição dos *designs* e do *marketing* em certo número de capitais da moda e na manutenção do consumo nos países outrora industrializados.

A dinâmica das capitais da moda

OS DESFILES DE MODA

Os desfiles de moda são realizados em lugares suntuosos, em Nova York, Londres, Milão ou Paris. Hoje em dia o calendário das coleções está bem organizado e permite que os diferentes protagonistas da moda se desloquem de uma capital para outra sem ter que sacrificar os desfiles importantes. A coordenação das datas é feita no nível mais alto das associações profissionais das principais capitais da moda: para Nova York, o Council of Fashion Designers of America (Conselho de Designers de Moda da América) criado em 1962; para Londres, o British Fashion Council (Conselho Britânico da Moda) criado em 1983; para Milão, a Camera Nazionale della Moda Italiana (Câmara Nacional da Moda Italiana) criada em

1958; e finalmente para Paris, a Fédération française de la couture, du prêt-à-porter des couturiers et des créateurs de mode, fundada em 1868. O conjunto dos desfiles de moda é conhecido sob o anglicismo *Fashion Week*, literalmente "semana da moda". Essa expressão não transmite a realidade exata, pois o conjunto dos desfiles dura quase um mês e compõe-se de várias semanas da moda, uma para cada capital. A primeira é a de Nova York, que acontecia tradicionalmente em Bryant Park, em Manhattan, mas se mudou em 2010 para o Lincoln Center, no bairro do Upper West Side de Manhattan. Essa semana da moda é conhecida hoje em dia com a denominação de *Mercedez Benz Fashion Week*, o nome do seu principal patrocinador. A segunda é a de Londres. A terceira, a *settimana della moda*, é a de Milão. Os desfiles das coleções terminam em Paris.

A título de exemplo, a estação outono/inverno 2009-2010 desenvolveu-se de acordo com o seguinte calendário: Nova York (de 13 a 20 de fevereiro de 2009), Londres (de 20 a 25 de fevereiro de 2009), Milão (de 25 de fevereiro a 4 de março de 2009), e, por fim, Paris (de 4 a 12 de março de 2009). Da mesma forma, os desfiles para as coleções primavera/verão tiveram lugar em Nova York de 10 a 17 de setembro de 2009, em Londres de 18 a 22 de setembro de 2009, em Milão de 23 a 30 de setembro de 2009 e em Paris de 30 de setembro a 8 de outubro de 2009. É importante notar que cada vez mais se desenvolvem coleções "intermediárias", que não dão origem a semanas de moda ou a desfiles importantes, mas que permitem aos criadores renovar seus *designs* com maior frequência. Essas coleções são denominadas *pre-fall* (pré-coleção de outono) e *pre-spring* (pré-coleção de primavera) e, como os nomes indicam, elas precedem as coleções outono/inverno e primavera/verão, respectivamente. Observe-se também a existência da coleção *cruise* ou *resort* (coleção de "cruzeiro") para o verão, que é principalmente o apanágio dos criadores de maior prestígio.

Torna-se igualmente importante assinalar que nem todos os criadores organizam desfiles de moda públicos para apresentar suas coleções e que os desfiles são para eles somente uma maneira, entre outras, de interagir com os compradores das grandes cadeias de distribuição. Por exemplo, alguns organizam "vendas privadas" (*trunk shows* ou *trunk sales*) no decorrer das quais eles oferecem para venda alguns de seus *designs*, em exclusividade, para alguns compradores e clientes privilegiados, butiques ou particulares. Podemos finalmente assinalar a emergência recente de desfiles na internet, como no caso do duo holandês Viktor & Rolf para a estação primavera/verão de 2009, no qual somente a modelo canadense Shalom Harlow apresenta todos os modelos da coleção num cenário virtual. Esses desfiles "digitais" permitem que as casas de moda atinjam um público mais amplo e economizem o custo elevado de um desfile tradicional, em torno de 150 mil dólares, segundo o criador e jornalista americano Josh.

PARIS AINDA É A CAPITAL DA MODA?

Uma questão pungente que se coloca a todos os profissionais da moda é saber onde se encontra a capital da moda e mais particularmente saber se Paris, o berço da moda contemporânea, ainda é o seu centro.

Essa questão tem uma repercussão particular hoje em dia com os debates que cercam a competição entre as metrópoles mundiais para atrair a "classe criativa" (Florida, 2002), dos quais os criadores e as criadoras de moda participam, e os debates em torno da reorganização do espaço na Île-de-France no seio da "Grande Paris" (Gilli & Offner, 2009), os grandes grupos franceses de moda desempenham um papel importante na difusão internacional da capital francesa.

"Paris, capital da moda" é o tema de um livro de Valerie Steele, *Paris Fashion: a Cultural History* (1998), que retraça a história da moda sob o ponto de vista parisiense e analisa a evolução do lugar que a capital francesa ocupa no "sistema da moda". Para Steele, a resposta é clara. Paris é sempre uma das principais cidades da moda no mundo, mas deve ceder lugar à chegada de concorrentes cada vez mais numerosos. Sua conclusão é que Paris não é mais "a" capital da moda, mas uma das capitais da moda, um *primus inter pares* (primeiro entre iguais), que deve se conciliar com influências vindas do mundo inteiro, não somente de Nova York, Londres ou Milão, mas também de Tóquio ou Antuérpia.

De fato, a questão de saber se Paris continua sendo a capital da moda é ambígua, porque a resposta depende da definição que damos ao termo "capital". Se considerarmos que só pode haver uma única capital da moda num dado momento, a resposta é negativa: não existe mais uma capital da moda, mas várias cidades que influenciam a moda. Esse é o ponto de vista de Steele. Se considerarmos que, entre todas as "capitais" da moda, podemos estabelecer hierarquias – a resposta é diferente, de acordo com o ponto de vista adotado.

Paris é certamente "a" capital da moda de um ponto de vista puramente financeiro, visto que dois dos maiores grupos de moda e de luxo do mundo, PPR (holding francesa com sede em Paris, especializada em artigos de luxo, originalmente chamada Pinaut--Printemps-Redoute) e LVMH (outra holding francesa, especializada em artigos de luxo, formada pela fusão dos grupos Moët et Chandon e Hennessy e, posteriormente, pela fusão do grupo resultante com a Louis Vuitton) (ver boxe nas páginas 136-137), estão sediados em Paris. De um ponto de vista midiático, Paris permanece na frente, especialmente pela existência da alta-costura, que reforça o interesse dedicado à capital francesa e atribui a Paris, de fato, quatro semanas de moda em vez de duas em outra parte.

observar que as taxas de crescimento apresentadas na tabela 5 são nominais, incluindo, portanto, a inflação e são elaboradas a partir de dados e valores em moeda local, o que faz com que os efeitos das taxas de câmbio sejam neutralizados.

Tabela 4 | Mercados de vestuário/calçados e joias para as principais economias mundiais, 2000-2005 (em bilhões de euros)

	2000	2001	2002	2003	2004	2005
Vestuário e calçado						
Estados Unidos	299	301	283	238	223	234
Japão	169	151	137	121	116	112
China	60	68	72	67	68	78
Itália	55	57	59	61	61	60
Reino Unido	53	54	57	55	58	59
Alemanha	56	55	52	51	50	50
França	32	32	33	34	34	35
Brasil	39	32	25	20	20	24
Rússia	13	17	19	18	20	23
Espanha	16	17	18	19	19	20
Canadá	15	14	14	13	13	15
Coreia do Sul	14	13	14	13	12	14
México	9	12	10	9	8	10
Austrália	6	6	6	6	7	7
Índia	4	4	4	4	4	5

(cont.)

	2000	2001	2002	2003	2004	2005
Joias						
Estados Unidos	52	49	47	43	38	41
Índia	17	20	21	20	23	29
Brasil	19	19	18	16	15	15
China	12	13	13	12	11	12
Japão	11	10	9	9	9	9
Itália	5	5	5	5	5	6
Reino Unido	4	4	4	4	4	4
França	4	4	4	4	4	4
Alemanha	4	3	3	3	2	2
Espanha	1	1	1	1	1	1
México	1	1	1	1	1	1
Austrália	1	1	1	1	1	1

Nota: valores nominais que utilizam as taxas de câmbio anuais.
Fonte: Euromonitor, compilação de dados industriais nacionais.

Eles, portanto, não correspondem necessariamente às taxas que poderiam ser elaboradas a partir da tabela 4, na qual os efeitos do câmbio não são neutralizados. As economias recentemente industrializadas ou em via de industrialização ocupam os primeiros lugares (Rússia, China, México e Índia na frente), enquanto os países industrializados em tempos passados estagnam ou regridem, com a notável exceção do Reino Unido.

Tabela 5 | Taxa de crescimento dos mercados de vestuário/calçado e de joias para as principais economias mundiais, 2000-2005

	Taxa de crescimento do período 2000-2005 (%)	Taxa de crescimento anual acumulado (TCAC) 2000-2005 (%)
Vestuário e calçado		
Rússia	139,2	19,1
China	73,6	11,7
México	64,8	10,5
Índia	52,6	8,8
Espanha	24,6	4,5
Reino Unido	23,8	4,4
Coreia do Sul	21,6	4,0
Austrália	19,6	3,7
Brasil	13,4	2,6
Canadá	10,9	2,1
França	9,2	1,8
Itália	9,1	1,8
Estados Unidos	5,6	1,1
Japão	-8,4	-1,7
Alemanha	-9,6	-2,0
Joias		
México	145,4	19,7
Índia	135,9	18,7
China	42,8	7,4
Brasil	39,9	6,9
Reino Unido	38,1	6,7
Austrália	21,6	4,0
Espanha	12,7	2,4

(cont.)

	Taxa de crescimento do período 2000-2005 (%)	Taxa de crescimento anual acumulado (TCAC) 2000-2005 (%)
Joias		
Japão	9,3	1,8
Itália	7,0	1,4
Estados Unidos	6,7	1,3
França	1,5	0,3
Alemanha	-34,0	-8,0

Nota: as taxas de crescimento são nominais e independentes dos efeitos do câmbio.
Fonte: Euromonitor, compilação de dados industriais nacionais.

Esses números merecem vários comentários. Em primeiro lugar, eles refletem bem o aumento de poderio de novos protagonistas na economia mundial, um fenômeno agora bem estabelecido. Refletem também um fato importante: esses novos protagonistas, apesar de seu crescimento rápido, ainda são de tamanho modesto se comparados com os protagonistas tradicionais, como a União Europeia, os Estados Unidos ou o Japão. Em seguida, existe uma distância entre essa presença sempre dominante dos países ocidentais e do Japão e os fenômenos de deslocalização da produção já observados. A indústria da moda caracteriza-se por um "desacoplamento" entre os locais de produção e os de consumo, sendo o conceito de desacoplamento definido aqui como "a autonomização de um quadro de interação em relação a outros" (Grossetti & Bès, 2001, p. 331).

Em suma, a centralização da moda é não somente um fato comprovado do ponto de vista estilístico, de *marketing* e financeiro, mas também do ponto de vista do consumo. A transferência da produção para países onde os salários são baixos e a substituição da produção local, nos países industrializados, pelas importações não afetou a centralização da moda até agora. No entanto, é possível que o aumento do poderio da China, da Índia, do Brasil ou da Rússia conduza a uma redistribuição das cartas, como a Segunda Guerra Mundial conduziu à afirmação de Nova York no cenário das capitais mundiais da moda.

A convergência na indústria do vestuário, portanto, está fundamentada em mecanismos de controle da produção, uma verdadeira centralização da indústria, que não é incompatível com a deslocalização da fabricação das roupas. Essa centralização é necessária pelo caráter industrial do vestuário. Concretamente, a construção de fábricas e a configuração de redes de distribuição custam caro. Uma descentralização, mesmo parcial da indústria, conduziria, no estado atual da tecnologia, a uma incerteza muito importante para a maior parte dos investidores. Fenômenos semelhantes são observados em todas as indústrias criativas, como a da música (Lena & Peterson, 2008; Lopes, 1992; Peterson & Berger, 1975), nas quais os objetos afetados pelos efeitos da moda são produzidos e, portanto, implicam uma imobilização de capital e de mão de obra. Se, como coloca em evidência Guillaume Erner, os profissionais da moda não organizam "reuniões secretas à beira do lago de Como" (2006, p. 99) para definir as tendências, não deixa de ser verdade que a indústria está organizada de modo a reduzir os riscos da melhor maneira possível; estilos e *designs* são canalizados por meio de processos de produção e fabricação bem organizados. Em outros setores da vida social, a convergência não tem necessidade de centralização e realiza-se por meio de fenômenos de influência. Isso leva então a um questionamento sobre a autonomia da moda em relação a outras esferas da vida social.

CAPÍTULO 3
Autonomia: emergência e dinâmica dos estilos

O terceiro princípio da moda tal como o conhecemos hoje em dia é sua autonomia como atividade criadora. A emergência do princípio de autonomia na moda relativa ao vestuário é recente e, como é o caso para todos os outros princípios, ela é fruto de um longo processo histórico. Simbolicamente, foi a rainha Maria Antonieta (1755-1793) quem permitiu seu desenvolvimento. Antes de Maria Antonieta a moda estava submetida às imposições e escolhas dos poderosos, e as tendências emergiam principalmente de dinâmicas externas ao ambiente da moda. Com Maria Antonieta, a moda emancipa-se e torna-se um campo autônomo que obedece a suas próprias lógicas. Para a rainha, de origem austríaca e com muita dificuldade para impor-se na corte de Versalhes, essa autonomização da moda sob sua proteção foi uma maneira de compensar sua fraqueza política (Weber, 2006).

A modista de Maria Antonieta, Rose Bertin (1747-1813), por vezes chamada de "ministra das modas" (Sapori, 2003), desempenhou um papel importante nessa autonomização do campo da moda: empreendedora corajosa à frente da loja O Grande Mongol, ela tratava de igual para igual algumas damas da corte, expressando assim a nova força de sua esfera de ação. A autonomização da moda permitiu o aparecimento de formas de expressão específicas a essa atividade e a emergência de uma dinâmica é própria. Ela foi também acompanhada de uma diferença crescente entre a moda feminina e a masculina, a primeira tornando-se muito mais dinâmica que a segunda, caracterizada pela "grande renúncia" descrita pelo psicólogo J. C. Fluge (1930). No final do século XVIII, a moda masculina tornou-se sombria, recusando mudanças muito bruscas e concentrando-se em certos detalhes estatutários.

A moda inspira-se muito regularmente em outras artes, por exemplo, quando o costureiro Yves Saint Laurent (1936-2008) cria vestidos inspirados em pinturas de Mondrian. No entanto, ela cria também um repertório que lhe é específico. Dessa maneira, os exemplos dos *punks* ou dos góticos, evocados no primeiro capítulo, mostram que a moda constitui um modo de expressão autônomo, como a linguagem ou a música, com seus próprios códigos.

A ideia de difusão é intrínseca à moda tal como a concebemos hoje em dia, da mesma maneira que a ideia de mudança já analisada. A difusão na moda é muito particular porque, por um lado, ela é organizada pela indústria no seu conjunto e porque, por outro, não existe a ideia de uma moda "melhor" em absoluto. Nisso, os desfiles de moda diferenciam-se dos salões profissionais de outras indústrias, como a indústria automobilística ou aeronáutica, nas quais a ideia de progresso tecnológico é central. Enquanto a maior parte das atividades artísticas e científicas estão fundamentadas na ideia de que existem obras ou teorias intrínsecas e absolutamente melhores que outras, a moda vai ao encontro do contextual e efêmero.

Estilos e *designs* na moda

CONHECER OS ESTILOS

O conceito de estilo na moda é ambíguo porque abarca diferentes realidades. Ele pode, num primeiro momento, referir-se a mudanças profundas de sensibilidade similares à emergência de novos gêneros na música. Um exemplo disso é a emergência do estilo "futurista" na moda. O futurismo como movimento artístico nasceu simbolicamente em fevereiro de 1909, com o manifesto publicado pelo escritor italiano Marinetti. Desde os anos 1920, os criadores de moda, em particular o italiano Ernesto Michahelles (1893-1959), mais conhecido como Thayaht, tentam integrar alguns aspectos do futurismo em relação ao vestuário. No entanto, foi preciso esperar os anos 1960 para que o futurismo entrasse definitivamente na moda com, entre outras coisas, a utilização de materiais como o plástico e os metais por Paco Rabanne e a célebre coleção "Fille de lune" ("Lua Menina"), de André Courrèges, inspirada na conquista espacial (em 1964). Diversas conclusões surgem dessas grandes inovações estilísticas. Porém, é difícil delimitar sua origem exata (o "ponto zero") porque há sempre uma grande quantidade de protagonistas envolvidos nesse processo, que é constituído por diferentes etapas. Finalmente, esses estilos formam um "repertório" no qual criadores e criadoras podem ir buscar inspiração; eles são em geral reconhecidos pelos consumidores. Um ponto importante a observar é que as cores, os materiais ou ainda os temas compõem estilos na moda, da mesma maneira que os temas culturais, como o futurismo.

Um estilo também pode adaptar-se àquilo que há de estável nas escolhas indumentárias de um indivíduo, de um grupo ou de uma casa de moda e, por extensão, de qualquer outro protagonista social. No que se refere aos indivíduos ou aos grupos, esse exemplo das subculturas pode ilustrar a ideia segundo a qual, num certo nível de análise, o estilo é um conjunto de influências diversas relativamente estáveis. O estilo gótico, por exemplo, consiste em uma combinação de materiais (o veludo, a renda), de cores (o preto), de motivos (o tecido xadrez de origem escocesa) e de referências culturais a outros movimentos, como o *punk* ou o *new wave* (gênero musical surgido nos meados da década de 1970. Era considerado sinônimo do *punk rock* antes de se tornar um estilo musical independente). No caso de uma casa de moda, uma estabilidade estilística pode ser observada na recorrência das escolhas estéticas. Por exemplo, a criadora inglesa, Vivienne Westwood (nascida em 1941) é conhecida por ter popularizado o estilo *punk*, por meio de suas lojas *Let it Rock, Too Fast to Live Too Young to Die* e *Sex*, nos anos 1970, em Londres, depois nas passarelas parisienses a partir de 1982, e londrinas cinco anos mais tarde (Vergani, 2003, pp. 1325-1328). Desse ponto de vista, um estilo constitui realmente um "agregado de detalhes de vestuários que contribuem para a aparência geral" (Crane, 1999, p. 16).

Uma terceira concepção do estilo na moda pode referir-se às mudanças de tendências que podemos observar em cada coleção, primavera/verão e outono/inverno. As casas de moda e os consumidores tentam então respeitar o que eles percebem que são as tendências dominantes. Elas podem referir-se às cores, aos materiais, aos motivos ou ainda às influências culturais mais amplas, tais como o futurismo ou o *punk*, já evocados.

O significado do conceito de estilo depende, portanto, do ponto de vista utilizado. Em primeiro lugar, existem os movimentos estilísticos que servem de referência aos criadores e consumidores. Esses estilos de referência podem ser combinados entre si, para formar novos estilos de referência. Em seguida, há os estilos próprios aos protagonistas sociais, que com frequência são combinações de estilos de referência, mas podem, por vezes, se tornar estilos de referência, como no caso de Chanel, que criou ícones estilísticos como o "tubinho preto" em 1926, ou o tailleur de tweed, usado, por exemplo, por Jackie Kennedy numa versão rosa. Finalmente existem as tendências estilísticas que orientam as casas de moda e os consumidores duas vezes por ano.

A questão da relação entre esses diferentes níveis de estilos é empírica e foi até agora pouco explorada. O conceito de *design*, muito imperfeitamente traduzido em francês por "modelo", pode sugerir alguns elementos de resposta. Podemos definir *design* como a interpretação concreta de um estilo ou, como Sproles e Burns escrevem: "*Design* é uma combinação única de corte, estrutura, material e detalhes que diferenciam um dado objeto de moda de todos os outros objetos da mesma categoria ou classe" (1994, p. 7). Dessa maneira, por ocasião de um desfile de moda, uma casa de moda apresenta um conjunto de *designs* que constituem uma coleção. Cada *design* é uma interpretação específica das tendências estilísticas da estação, ou de algumas delas pelo menos, e daquilo que podemos chamar de herança estilística da casa de moda, seu estilo próprio. Assim, é no *design* que se expressa a habilidade de uma casa de moda e, para ser sociologicamente mais preciso, a mestria do conjunto dos indivíduos que participam da criação das coleções de moda.

Como as tendências estilísticas semestrais se tornam conhecidas pelos criadores e as casas de moda? O processo de produção na moda é, como já vimos, longo e complexo e implica a atividade de numerosos profissionais, podendo levar mais de um ano para se configurar. Portanto, é muito importante para os produtores de moda saber com muito tempo de antecedência quais tendências estilísticas vão se impor. Os números de referências estilísticas e de suas combinações são consideráveis. Uma simples aposta das casas de moda em estilos futuros é muito arriscada. Existem diversos mecanismos de ação coordenada.

Em primeiro lugar, os criadores e as criadoras de moda, à semelhança de outros artistas, compartilham a informação por ocasião de recepções, festas, coquetéis e outros acontecimentos profissionais que, embora pareçam fúteis e hedonistas para o grande público, são, de fato, essenciais no processo de repartição das tendências estilísticas (Currid, 2007).

Em segundo lugar, existem "agências" ou "escritórios de estilo" (também chamados de mesa de estilo) (*forecasting bureaus*, em inglês com um "s" no final) cujo papel é sair da toca e tornar disponíveis para os profissionais os estilos futuros. Entre os departamentos mais influentes, podemos citar Nelly Rodi, fundado em 1985, em Paris (Vulser, 2009), ou Worth Global Style Network (WGSN), criado em 1998, em Londres (Allen, 2007). É preciso igualmente mencionar o papel desempenhado pela imprensa profissional e os *blogs* especializados na difusão dos estilos. *Le Journal du Textile* na França ou *Women's Wear Daily* nos Estados Unidos permitem que os profissionais da moda se mantenham informados sobre as principais evoluções de sua indústria. Os *blogs*, como o *The Business Of Fashion*, criado por Imran Amed, desempenham um papel similar na internet.

Finalmente, os diferentes salões, como o Première Vision (que organiza feiras profissionais de moda e têxteis) em Paris, permitem aos diferentes profissionais, em particular os escritórios de estilo, casas de moda e tecelagens, a possibilidade de coordenarem-se sobre certo número de tendências até dezoito meses antes que as coleções estejam disponíveis para os consumidores finais.

O *site* do Première Vision oferece uma descrição muito esclarecedora sobre o processo que pode levar à coordenação dos estilos na moda:

> Uma coordenação internacional reúne os porta-vozes dos tecelões e das agências de estilo para recolher e trocar informações sobre as tendências que irão marcar a estação da moda [...]. Dezoito meses antes de os estilos estarem expostos nas vitrines dos magazines, a informação de moda Première Vision sintetiza o trabalho de coordenação e dá origem ao impulso colorístico e às tendências de materiais da estação com uma gama/paleta de nuances de cores. Além disso, mostra com exclusividade o espírito da estação, em pré-estreia, aos tecelões expositores, que se beneficiam dessas orientações, a fim de que desenvolvam suas coleções em sintonia com as realidades de mercado [...]. Algumas semanas antes da abertura do salão, os representantes das indústrias internacionais, reunidos durante dois dias pela informação de moda Première Vision, confirmam os eixos de pesquisa para suas coleções e a apresentação de seus tecidos nos fóruns do Salão.

Esses diferentes mecanismos de coordenação permitem ilustrar a ideia de que a difusão dos estilos na moda caracteriza-se, para retomar os termos do sociólogo americano Herbert Blumer (1969), pela existência de uma "seleção coletiva" que leva os profissionais da moda a selecionar as tendências em função de um gosto que eles desenvolvem em contato com seus pares ou com diferentes fontes de informação. Desse modo, para Blumer, as modas não têm origem em um desejo de "diferenciação de classe", conceito pelo qual Veblen ou Simmel pagam caro, mas em uma vontade dos indivíduos de estar na moda. Para atingir esse objetivo, essas pessoas seguem, portanto, a opinião dos profissionais que estão mais em sintonia com as tendências que elas.

MODA, PROPRIEDADE INTELECTUAL E MORAL

A cópia dos estilos ou mesmo dos *designs* é um aspecto central na dinâmica da indústria da moda. Nessas condições, o que sucede com a propriedade intelectual nessa indústria? A questão da propriedade intelectual é central na vida econômica, em particular por meio da instituição de patentes, como na indústria farmacêutica. Em algumas indústrias culturais e criativas como a música ou o cinema, a questão da propriedade intelectual tornou-se preeminente com o aparecimento da digitalização dos conteúdos. Essa digitalização levou a uma reestruturação profunda dessas indústrias e ao estabelecimento de novas regulamentações, como por exemplo na França, em 2009, a "lei que favorece a difusão e a proteção da criação na internet", chamada lei Hadopi.*

Na moda, a propriedade intelectual assume um sentido completamente diferente em se tratando da imitação endêmica entre as casas de moda. Nesse estágio, uma diferenciação, que tem grande semelhança com a distinção anteriormente estabelecida entre estilos e *designs*, pode ser feita entre imitação e falsificação. A falsificação, que é um conceito jurídico, é definida na França pelo código da propriedade intelectual criado em 1992, que enquadra a propriedade literária e artística e a propriedade industrial. A imitação, que é um conceito sociológico, ativa as instituições e estratégias que caracterizam a indústria da moda.

---

* A lei Hadopi ("Haute autorité pour la diffusion des œuvres et la protection des droits sur Internet" – Alta autoridade para difusão de obras e proteção de direitos na internet), aprovada em 2009, na França, prevê multas, cortes na conexão da internet e a criminalização de compartilhamento de arquivos por parte de internautas que desrespeitem os direitos autorais. (N. T.)

O direito que enquadra a reprodução de estilos e *designs* na moda varia de um país a outro e especialmente entre dois polos: os Estados Unidos, de um lado, e a União Europeia, de outro. Enquanto o direito americano concede apenas uma proteção muito limitada aos designs no domínio da moda, o direito europeu e os diferentes direitos nacionais dos estados-membros da União Europeia são muito mais drásticos, particularmente depois da adoção, em 1998, da diretiva 98/71/CE sobre a "proteção jurídica dos desenhos ou modelos" ("desenho" ou "modelo" é a tradução francesa, inábil, do termo inglês *design* passado para a língua francesa) (Raustiala & Springman, 2006).

A cópia dos *designs* europeus pelas casas de moda americanas tem uma longa história, e por ocasião de sua primeira viagem aos Estados Unidos, em 1913, o costureiro francês Paul Poret ficou de início chocado com a extensão da cópia de suas obras que se espalhavam no Novo Mundo, depois se resignou com essa homenagem indireta que lhe era prestada: a ele os americanos deram o apelido de "Rei da Moda" (*the King of fashion*) (Stewart, 2005). Em 1932, a indústria da moda americana organizou-se em uma associação, a Fashion Originator's Guild of America (organização criada pela indústria da moda nos Estados Unidos para tentar impedir a cópia de modelos de vestuário), e decidiu abolir a cópia dentro dos Estados Unidos, sem, no entanto, proibir a cópia de *designs* europeus. Entretanto, em 1941, a Corte Suprema, após julgar um conflito de interesses entre a Fashion Originator's Guild of America e a Federal Trade Commission, lavrou uma sentença que considerou essa prática contrária às leis de livre empresa, especialmente aos famosos Sherman and Clayton Antitrust Acts (que requerem que o governo federal investigue e persiga trustes, companhias e organizações suspeitas de violar a lei), fundamentados no direito da concorrência nos Estados Unidos (Rustiala & Springman, 2006, p. 1697).

Por essa razão, as casas de moda americanas não ficaram inativas desde então e não hesitam em defender a marca, "grife", que constitui o coração de sua identidade de mercado. Recentemente, a Câmara dos Representantes dos Estados Unidos estudou com afinco a questão da proteção dos *designs* e propôs um projeto de lei (H.R. 5055) que protegeria os *designs* por um período de três anos (o projeto de lei ainda não tinha sido transformado em lei em 2010). Mesmo se essa lei fosse aprovada, a proteção oferecida pelo direito americano seria inferior à proteção europeia, que pode alcançar até vinte e cinco anos e abrange tanto os *designs* registrados como os não registrados.

Além das restrições legais que pesam sobre a moda, existem restrições morais. A moda, como o luxo, está tradicionalmente submetida a diversas críticas morais que a acusam, desordenadamente, de ser superficial, perversa ou até inútil. Esses julgamentos são muito numerosos para poder ser objeto de uma lista exaustiva, mas eles remontam às raízes das diversas civilizações humanas, especialmente às da civilização ocidental (ver boxe nas páginas 80-81). Nos séculos XX e XXI, os ataques contra a moda não cessam, mas mudam de natureza: não se trata mais de criticar a suposta imoralidade da moda, mas de criticar especialmente as práticas das casas de moda e dos grupos financeiros dos quais elas fazem parte. Essas novas críticas da indústria da moda organizam-se em torno de vários temas.

Em primeiro lugar, são regularmente questionadas as condições de trabalho nas fábricas dos países onde o custo de produção de roupas e acessórios para os mercados ocidentais é baixo. Essa realidade da moda, apesar de algumas campanhas, como uma contra a Nike nos anos 1990, de uma maneira singular, permanecem não reveladas, conforme a socióloga inglesa Angela McRobbie (1997).

Em segundo lugar, a utilização de peles e de subprodutos animais para a confecção de roupas também é objeto de descontentamento por parte de grupos que defendem os animais.

Do mesmo modo, a indústria da moda também é acusada de favorecer a anorexia entre as jovens em razão da glorificação de um ideal irrealista de corpo feminino. Em 2006, a morte trágica de duas modelos – a uruguaia Luisel Ramos (nascida em 1984) e a brasileira Ana Carolina Reston (nascida em 1985) –, ambas em consequência de uma anorexia nervosa, levaram certas associações profissionais do mundo da moda a determinar as práticas alimentares das modelos, especialmente em Madri, Milão e Nova York (Wilson, 2006).

Finalmente, a moda é também acusada, de um ponto de vista político, de gerar necessidades artificiais de consumo (Crane & Bovone, 2006).

Mais recentemente, a indústria da moda foi objeto de certo número de mudanças de rumo por parte de ativistas que se servem dela para veicular uma mensagem política mais ampla. Um dos casos mais deleitáveis é o de "Serpica Naro", uma criadora anglo-japonesa fictícia criada pelo grupo ativista Chainworkers em Milão (Gattolin, 2006). Esses ativistas da precariedade confrontaram-se com a indústria da moda; após inventar a partir do zero uma criadora e uma marca, conseguiram fazê-las encerrar a semana da moda em Milão: "Serpica Naro (um anagrama de "São Precário", o santo [fictício] dos trabalhadores precários) supostamente apresentaria, em fevereiro de 2005, uma coleção que fazia referência à precariedade, e o grupo de ativistas Chainworkers organizou uma manifestação imaginária opondo-se a esse desfile, para revelar algo que havia sido mantido em segredo, o que representou uma grande vitória midiática.

O "MEDO FILOSÓFICO" DA MODA

Existe um "medo filosófico" da moda (Hanson, 1990) profundamente ancorado na civilização ocidental? De um ponto de vista religioso, na Bíblia, a roupa está claramente associada ao pecado. Desde sua queda, Adão e Eva cobrem suas partes íntimas com folhas de videira. Na tradição greco-romana, a moda é condenada não enquanto moda, mas especialmente porque ela está associada ao luxo e expressa, portanto, a vaidade humana. Por exemplo, o naturalista romano Plínio o Velho (23-79), na sua condenação dos metais preciosos que pervertem a alma humana desviando-a da busca da sapiência e do saber, condena também as joias e, por extensão, o luxo. Ele escreve no livro XXXIII do segundo volume de sua *História Natural*: "Cometeu o crime mais funesto para a sociedade aquele que primeiro colocou um anel de ouro em seu dedo". De maneira interessante, Platão não despreza a roupa como tal, visto que ela pode servir para assinalar as diferenças de *status* social, que ele chama de seus votos; o que ele condena são os excessos de luxo e seu efeito nocivo sobre a atividade filosófica, em particular na *República*. Aristóteles adota uma posição mais branda em *Ética a Nicômano* e, se ele denuncia os excessos e mostra ser uma pessoa que louva a "sobriedade", não rejeita sistematicamente o luxo ou a moda.

Os moralistas europeus da Renascença e da época moderna condenam amplamente a moda, mas se essa condenação é clara, por exemplo na França, na obra de Rousseau, que via no luxo a encarnação de tudo aquilo que ele detestava na civilização, como explicou no *Discurso sobre a origem e os fundamentos da desigualdade entre os homens*, ela é muito menos condenada por outros filósofos, especialmente por Adam Smith ou ainda Emmanuel Kant.

Adam Smith é geralmente considerado um dos pais fundadores da ciência econômica por seu conceito de "mão invisível" (ideia de que ações guiadas por nosso interesse por si só podem contribuir para a riqueza e o bem-estar). Contudo, ele é também um filósofo que se debruçou na *Teoria dos sentimentos morais* (1759) sobre os "sentimentos" que unem os indivíduos entre si e evitam que as forças do mercado desagreguem completamente a sociedade (Dupuy, 1992; Godart, 1998). Na quinta parte de sua obra filosófica, Smith interessa-se pelos costumes e pela moda; para Smith a influência da moda sobre a moral existe, porque, segundo uma perspectiva muito semelhante à de Veblen e Simmel, mas antes do tempo deles, os indivíduos imitam aqueles que são mais abastados que eles quando podem, mas a moda em si não é nem boa nem má, ela é um processo social. Kant, por sua vez, vê na moda um objeto secundário que não é forçosamente negativo quando praticada com moderação.

Uma reviravolta estabelece-se no século XIX, e numerosos filósofos e artistas devotam um culto à moda, em particular os dândis já evocados e também os românticos e os escritores mais voltados para o grande público, como Balzac.

Os diferentes tipos de difusão: a moda como modelo

Para retomar uma distinção que se tornou clássica no mundo da moda, podemos diferenciar dois tipos de difusão: os "entusiasmos", por um lado, e as "modas" propriamente ditas por outro (Nystrom, 1928). O termo francês "entusiasmo" traduz o conceito de *fad,* que se refere a uma popularidade súbita e de curta duração para um artista, uma ideia ou ainda uma palavra; o termo *fad* é por vezes substituído pelo conceito de *craze* (literalmente "furor") que é seu equivalente, por exemplo, entre os sociólogos Bernard Barber e Lyle Lobel (1952). As modas (*fashions*), por sua vez, referem-se a mudanças mais estruturadas e duráveis. Os exemplos de entusiasmo são muito numerosos e, em matéria de moda, eles podem ter relação, entre outros, com acessórios usados por astros e estrelas (a luva adornada com lantejoulas de Michael Jackson) ou as marcas (os óculos Vuarnet) (Sproles & Burns, 1994, p. 11). As modas duram mais, e as mudanças estilísticas é que são selecionadas pelas casas de moda. Observamos que o linguista francês Roland Barthes (1967) propôs traduzir *fashion* por "Moda" (com o M maiúsculo), mas como esse uso pode causar confusão em certos casos o duo conceitual moda/entusiasmo foi o adotado neste livro.

Como sublinha a socióloga americana Fiane Crane (1999), as teorias da difusão são centrais no estudo cientifico da moda, mas elas se caracterizam por sua vasta diversidade e falta de coerência. A teoria clássica de Veblen e Simmel, de cima para baixo em uma escala social, é geralmente chamada de *trickle down*, quer dizer, ela é descendente. Outras teorias mais modernas insistem no *up* (ascendente) e *across* (lateral). Desse modo, no caso de uma difusão *trickle up*, uma moda origina-se nos meios populares e é adotada pelas classes superiores: o estilo gótico, por exemplo, que procede das classes populares e médias americanas e europeias e atualmente é uma referência entre alguns grandes costureiros de prestígio, como Karl Lagerfeld. No caso de uma difusão *trickle across*, os grupos sociais pertencentes às mesmas camadas sociais, por exemplo, trocam estilos; Hebdige (1979) nota a influência do estilo *"glam rock"*, criado na Inglaterra, sobre o *punk* – duas subculturas populares.

Uma ideia muito importante que reporta nosso interesse pela questão da difusão na moda é a existência de "ciclos". O estudo mais célebre sobre esta questão dos ciclos é aquele do antropólogo americano Kroeber (1919), que estudou a evolução de oito medidas (quatro para o comprimento, quatro para a largura) de "vestidos de noite" femininos durante um longo período, que vai de 1844 a 1919. Para elaborar as medidas, ele utilizou as ilustrações reproduzidas em três revistas: o *Petit Courier des dames*,

Harper's Bazaar e *Vogue*. Ele demonstrou, em primeiro lugar, que as medidas médias de vestidos de noite femininos não variam aleatoriamente: desse modo, as medidas de um dado ano dependem das medidas do ano precedente. Em seguida, ele mostrou que a evolução das diferentes medidas caracteriza-se por uma periodicidade variável segundo a medida (entre trinta e cem anos): isso significa que uma dada medida retorna a um determinado nível depois de ter seguido uma evolução completa de crescimento e decréscimo.

O fato de que as tendências não são fenômenos puramente aleatórios, mas dependem do que foi feito no ano precedente, foi revelador para outros campos além da moda referente ao vestuário. Por exemplo, o historiador de economia, o americano Dwight E. Robinson (1976) estudou a evolução da pilosidade facial dos homens ingleses das classes sociais superiores entre 1842 e 1972. Ele distinguiu cinco tipos de pilosidade facial ("suíças", "suíças e bigode", "somente bigode", "barba" e "barba escanhoada") e contou o número de retratos de homens, no *Illustrated London News*, que usavam algum dos tipos de pilosidade facial. Ele mostra que até 1885 a proporção de homens escanhoados declina regularmente para alcançar um mínimo de menos de 20%, depois aumenta continuamente até os anos 1970, para chegar a representar mais de 80% da população considerada. Observando em detalhe os diferentes tipos de pilosidade, Robinson constata que enquanto as suíças dominam no início do século XIX, elas são substituídas pela barba e em seguida pelo bigode no decorrer do século XX, antes que o escanhoamento prevalecesse. Ele conclui então que "ondas" com duração de perto de um século caracterizam a evolução de diferentes tipos de pilosidade facial e uma onda com cerca de 170 anos caracteriza a oposição escanhoado/não escanhoado.

Num domínio menos facilmente passível de ser quantificado que o comprimento ou a largura das saias ou a pilosidade facial, o sociólogo americano Stanley Lieberson (2000) demonstrou que esse fenômeno ocorre também na atribuição de nomes de batismo aos recém-nascidos. Os nomes de um dado ano dependem dos nomes dados no ano precedente. Além disso, eles dependem também da origem social e cultural das famílias. Um ponto importante no estudo de Stanley Lieberson é que se a escolha dos nomes depende da inclusão sociocultural e socioeconômica dos pais, essa escolha ocorre sem nenhuma imposição institucional e apresenta, segundo ele, um caso "puro" de difusão não imposta pelas instituições. Os ciclos na moda podem, portanto, ser compreendidos como uma associação de dois fenômenos: a existência de certa "continuidade histórica" (Sproles & Burns, 1994, p. 32) e o retorno regular de certas tendências.

A ideia de que a moda é um processo endógeno, quer dizer, que não depende das influências exteriores, parece estar bem estabelecida por Kroeber, Robinson e Lieberson. Por exemplo, Robinson (1975) observa que a introdução da lâmina de barbear de segurança (ou barbeador elétrico) por Gillette no início do século XX não desencadeou a vaga que fez triunfar o escanhoamento, mas foi especialmente uma maneira de acompanhar essa onda e de tirar proveito dela; nesse caso preciso, um movimento da moda desencadeou uma inovação técnica.

No entanto, em numerosos casos, a moda é influenciada por forças que lhe são exteriores, ou exógenas. Quais são essas forças? Elas são numerosas. Há inicialmente o conjunto dos costureiros, valores morais e dispositivos legais, já evocados, que limitam o espaço das possibilidades da aparência. Em seguida, existe a estrutura organizacional e institucional da indústria da moda, que enquadra a produção dos vestuários e a seleção dos estilos. Finalmente, há o conjunto das forças culturais, econômicas, políticas e sociais, que determinam a mudança na moda. O que nos leva a outra ideia importante quando nos interessamos pela difusão dos estilos: essa difusão não se desenvolve num vazio social. Se existe realmente uma lógica endógena da moda, ela deve, entretanto, ser completada por uma perspectiva exógena.

A ideia de que a mudança na moda depende de forças subjacentes relativas à sociedade é ilustrada por numerosas pesquisas. Os psicólogos George Bush (não se trata do antigo presidente americano George W. Bush) e Perry London (1960) oferecem um exemplo muito expressivo do tipo de influência que as mudanças sociais podem ter sobre a moda dos vestuários. Até os anos 40 as roupas dos meninos americanos dependiam de sua idade. Desse modo, as crianças pequenas usavam *shorts*, os pré-adolescentes, *knickers* ou *knicker-bockers*, comparáveis às calças usadas pelos jogadores de golfe, e os adolescentes usavam calças. Os autores observam que a compra do primeiro par de calças representava um acontecimento importante na vida de um jovem americano. No entanto, os *knickers* desapareceram muito repentinamente durante a Segunda Guerra Mundial. Eles explicam esse fato, em primeiro lugar, por uma transformação do papel dos adolescentes na sociedade americana e pelo desaparecimento da categoria de "pré-adolescente". Em seguida, eles sublinham o crescimento da uniformização da sociedade americana favorecendo o uso da calça. Em todo caso, os *knickers* desapareceram com a mudança do papel dos pré-adolescentes na sociedade americana dos anos 1940.

Carol Robenstine e Eleanor Kelley (1981), em compensação, ressaltam que é preciso distinguir diferentes tipos de influências exógenas sobre a moda. Elas demonstram que as mudanças instucionais e políticas na França, entre 1715 e 1914, não tiveram influência sobre a mudança e a estabilidade dos estilos relativos ao vestuário, contrariamente a uma ideia admitida que pretende que as mudanças dos vestuários seguem as evoluções políticas. Em contrapartida, elas não excluem a importância das mudanças puramente devidas à sociedade, tais como a mudança nos papéis sociais, por exemplo, evocados por Bush e London no caso do desaparecimento dos *knickers*.

A mudança na moda, dessa maneira, é ao mesmo tempo endógena e exógena, ou seja, devida a mecanismos que são, respectivamente, internos e externos à moda. O caso dos "entusiasmos" é diferente e beneficiou-se de um processamento distinto na pesquisa sociológica e econômica, mesmo quando existe uma grande confusão entre pesquisadores sobre aquilo que constitui uma "moda" e o que constitui um "entusiasmo", o que conduz a generalizações precipitadas. Enquanto a lógica das modas está ancorada no social, definida por mecanismos sociais específicos, a lógica dos entusiasmos está calcada no acaso, no aleatório. Isso não significa que os entusiasmos não possam ser compreendidos, mas sim que não podem ser previstos. Os fenômenos de imitação, já evocados, podem ser compreendidos como uma conceitualização dos fenômenos de entusiasmo. Trabalhos recentes em sociologia matemática permitiram estabelecer os modelos da difusão dos entusiasmos, como, por exemplo, nos trabalhos de Matt Salganik, Peter Dodds e Duncan Watts (2006) para a Universidade de Columbia em Nova York. Esses trabalhos apresentam o grande interesse de associar ao estudo a modelagem matemática, ou melhor, colocar os fenômenos em equações e experimentação. Seu ponto de partida é a teoria tradicional da imitação, tal como foi exposta por Le Bon, Simmel, Tarde ou Veblen.

Entretanto, a questão é enriquecida por uma dupla interrogação sobre o processo pelo qual a imitação se produz e sobre as condições que presidem a sua difusão. O ponto de partida dessas interrogações é o modelo dito da "seringa hipodérmica" (*hypodermic needle*) que postula uma influência direta da mídia sobre os indivíduos, que aceitam, dessa forma, a informação que lhes é comunicada sem resmungar (Bineham, 1988). Esse modelo foi contestado pelos sociólogos americanos Elihu Katz e Paul Lazarsfeld (1955), que propõem a teoria dos "dois estágios no fluxo de comunicação" (*two-step flow of communication*). Para eles, as mensagens enviadas pela mídia de massa aos seus públicos são filtradas e interpretadas pelos formadores de opinião (*opinion leaders*) que, assim, influenciam as opiniões e decisões de seus "grupos primários" (*primary groups*).

EXAME RETROSPECTIVO DE ALGUNS FRACASSOS RETUMBANTES DA INDÚSTRIA DA MODA

A imagem da moda reproduzida até o presente é a de uma indústria bem organizada, na qual os produtores configuraram mecanismos de coordenação que lhes evitam fracassos muito grandes. No entanto, essa imagem, em sua integralidade, enfraqueceu-se quando a indústria da moda como um todo, ou melhor, algumas casas de moda em particular conheceram o fracasso. Compreender as razões desses fracassos pode permitir esclarecer alguns mecanismos centrais da moda. Três exemplos de estilos ou de *designs* que não foram difundidos são detalhados e analisados: o vestido chamado "midi" nos anos 1970, a minissaia reinterpretada nos anos 1970 e 1980, e o "sarongue" para homens feito por Jean-Paul Gaultier também nos anos 1980.

Dois especialistas americanos do *marketing*, Fred D. Reynolds e William R. Darden (1972), esforçaram-se para compreender as razões que impelem os consumidores a adotar ou a rejeitar determinados produtos. Para isso, eles estudaram com afinco o fracasso de um tipo específico de roupas no início dos anos 1970, nos Estados Unidos: o vestido chamado "midi", que chega até o meio da perna. Para isso eles partiram do resultado de dois questionários conduzidos no estado americano da Geórgia em 1970 e 1971 e tentaram compreender em que condição o vestido "midi" foi rejeitado. Eles distinguem três etapas no processo de adoção/ rejeição pelos consumidores: no início, decorre a fase de tomada de consciência (*awareness*), na qual os consumidores tomam conhecimento da existência de um produto; em seguida, há a fase de busca de informação (*information*), pela qual eles se informam sobre as características de um determinado produto, e finalmente ocorre a fase de avaliação (*evaluation*), momento em que os consumidores decidem se comprarão ou não o produto. Eles também distinguem dois tipos de indivíduos: os "líderes de opinião", que moldam seu conhecimento por meio da mídia especializada e os "não líderes de opinião", que escutam os líderes de opinião e a mídia de massa. No caso do vestido "midi", os dois grupos concordaram em dizer (os não líderes seguindo os líderes) que esse tipo de vestido simplesmente não era bastante feminino e estava muito fora de moda, ao cobrir uma parte muito grande das pernas e, dessa forma, não correspondia às exigências estéticas do início dos anos 1970 nos Estados Unidos, marcadas por um desejo de revelar certas partes do corpo até então cobertas.

O sociólogo americano Fred Davis (1992) interessou-se muito, em suas pesquisas, pela relação entre vestuário e identidade, em particular sob o ponto de vista do "gênero", isto é, da inclusão sexual.

O exemplo da minissaia é muito interessante desse ponto de vista (Davis, 1992, pp. 93, 96, 150). Introduzida pela criadora inglesa Mary Quant no início dos anos 60, ela foi popularizada, em Paris, pelo criador André Courrèges a partir de 1965. Seu sucesso foi sustentado e ampliado pelo profundo movimento cultural que deu nascimento aos acontecimentos de maio de 1968 e à "liberação sexual". No entanto, as tentativas para reintroduzir a minissaia em

1977 e em 1987 conheceram um fracasso retumbante, especialmente em razão de sua inadequação à sensibilidade cultural dessa época, que rejeitava qualquer forma extrema de erotização do corpo feminino, erotização que aparecia muito claramente nessa vestimenta. Foi preciso esperar o início dos anos 1990, e uma maior aceitação social da erotização, para que a minissaia se estabelecesse de maneira durável no cenário do vestuário ocidental.

Fred Davis analisa, no mesmo registro de relação entre vestuário e identidade sexual, dessa vez, outro caso célebre de fracasso estilístico, sofrido por uma casa de moda em particular, a Jean-Paul Gaultier (1992, pp. 34-35). Em 1984, o criador francês Jean-Paul Gaultier, já conhecido por seus *designs* de vanguarda e iconoclastas, tentou impor o sarongue para homem. O sarongue é uma peça de tecido retangular usado ao redor da cintura por homens, mulheres e crianças no sul e no sudeste da Ásia, bem como na península Arábica e na região do Chifre da África. Como explica Fred Davis, isso foi um completo fracasso, recebido com indiferença, e por vezes com hostilidade, pelos profissionais da moda e pelo público. Esse fracasso pode ser explicado pela resistência dos consumidores franceses e ocidentais em geral, do início dos anos 1980, a um estilo que suprimia as diferenciações entre os sexos. Jean-Paul Gaultier tentou, sem sucesso, refutar a ideia de que ele não respeitava as diferenças de sexo.

Os três exemplos contemplados anteriormente – o vestido midi, a minissaia e o sarongue para homem – ilustram, em seus respectivos contextos históricos, uma ideia importante: se os consumidores não estão prontos para adotar um estilo ou um *design*, este tem fortes chances de fracassar. E isso apesar das técnicas de coordenação e de *marketing* muito avançadas das indústrias da moda. Em suma, um fracasso industrial numa indústria criativa pode ser compreendido como uma inadequação entre a convergência dos gostos que produz efeitos por meio de fenômenos de influência e a convergência industrial, que opera com fundamento no princípio da centralização.

Para eles, as mensagens enviadas pela mídia de massa para sua audiência são selecionadas e interpretadas pelos líderes de opinião (*opinion leaders*), que influenciam, desse modo, as opiniões e as decisões de seu "grupo primário" (*primary group*).

Esse próprio modelo foi criticado por Duncan Watts e Peter Dodds (2007) em trabalhos recentes baseados em simulações informáticas. Eles partem da ideia do sociólogo americano Mark Granovetter (1978), segundo o qual cada indivíduo caracteriza-se por um "limiar" (*threshold*) a partir do qual ele é influenciado pelo ambiente que o cerca. Mais especificamente, Granovetter toma o exemplo dos tumultos, mas seu modelo pode ser estendido para outros tipos de comportamento coletivo, como a difusão de estilos no domínio do vestuário. Em que momento um indivíduo escolhe juntar-se a um tumulto ou a adotar certo estilo de vestuário? Isso depende de sua sensibilidade às ações dos indivíduos que compõem o ambiente que o cerca. Desse modo, um indivíduo facilmente influenciável se juntará a um tumulto ou adotará um estilo somente se uma ou duas pessoas ao seu redor assim também o fizerem. Em compensação, um indivíduo dificilmente influenciável somente se juntará a um tumulto ou adotará um estilo se uma proporção significativa dos indivíduos que compõem o seu ambiente participar das mesmas ações. Watts e Dodds mostram, então, que o modelo dos dois tempos pode por vezes revelar-se correto, mas que se trata mais de uma exceção do que uma regra. Na maior parte dos casos, a difusão de um entusiasmo produz-se quando indivíduos facilmente influenciáveis influenciam outros indivíduos facilmente influenciáveis. As "estrelas de cinema" contam, mas provavelmente muito menos do que se imagina em geral. Nesse caso, qual é então o papel dos criadores e das criadoras, esses "heróis" da moda contemporânea?

CAPÍTULO 4
Personalização: a moda das profissões e dos profissionais

O fundador da alta-costura e da moda "contemporânea" em geral foi um costureiro inglês instalado em Paris, Charles Frederick Worth (1825-1895), que abre sua casa de moda no final dos anos 1850 e insere numerosas inovações ainda em vigor no início do século XXI, tais como: os desfiles de moda semestrais, a utilização de modelos vivos chamados "sósias" para apresentar os *designs* para os clientes ou encorajar uma estratégia comercial voltada para as lojas de moda e a venda por correspondência (Grumbach, 1993).

Para o filósofo francês Gilles Lipovetsky (1987), Worth simboliza a emergência daquilo que ele chama de "moda de cem anos", a primeira fase da moda que conhecemos hoje e que se estende de 1860 a 1960, data na qual a massificação do consumo (sobre o qual voltaremos a falar) altera a envergadura da moda. A emergência dos costureiros completa o regime precedente de autonomização criativa da moda por uma autonomização do criador e, portanto, por uma personalização da criação: "O gesto de Worth é crucial:

ele equivale à destruição da lógica secular de subordinação ou de colaboração entre a costureira e sua cliente em proveito de uma lógica que consagra a independência da modelista" (Lipovetsky, 1987, p.108).

"Criar" a moda

A "PROFISSÃO" DE CRIADOR

Antes de prosseguir na apresentação dos profissionais da moda, convém deter-se por um instante em uma questão de terminologia. O termo "criador" ou "criadora" de moda é utilizado neste livro para designar qualquer indivíduo cujo ofício ou profissão é criar *designs* de moda. Seu uso em francês, entretanto, compete com o uso de outros termos, especialmente "estilista", "costureiro" ou "costureira", "desenhista" de moda, homem ou mulher e, por fim, um anglicismo, *"designer"*. Em inglês o uso dominante é o de *fashion designer*; a utilização de *stylist* fica mais reservada aos indivíduos que "interpretam" as evoluções dos gostos e das modas (Mower & Martinez, 2007), uma extensão do uso originalmente reservado aos cabeleireiros. Em francês, a vantagem do termo "criador" ou "criadora" de moda é que ele é suficientemente amplo e faz justiça às diferentes facetas da profissão de *fashion designer*, que não se limita a realizar um croqui ou a transformar as tendências culturais em vestuário, mesmo quando são elementos importantes do processo que leva à realização das coleções. O termo "costureiro" ou "costureira" pode então ficar reservado aos profissionais da alta-costura.

Os criadores e as criadoras de moda são uma figura central da moda da maneira como ela se manifesta nos dias de hoje, provocando fenômenos de "estrelato" (transformação de indivíduos em "estrelas") que são encontrados tanto nos Estados Unidos como na Europa. Em primeiro lugar, os criadores e criadoras de moda estão, atualmente, muito presentes na mídia e na cultura. Por exemplo, a casa do criador italiano Gianni Versace (1946-1997) é uma das principais atrações turísticas de Miami, na Flórida. Construída em 1930, por um dos herdeiros da Standard Oil, a Casa Casuarina foi adquirida, em 1992, por Versace e transformada em um verdadeiro palácio, que pode atualmente ser visitado, acolhendo hóspedes importantes em quartos cujo preço pode chegar a 10.000 dólares por noite (Sladky, 2008). Em outro registro, o criador americano Michael Kors (nascido em 1959) é uma figura importante da mídia e um dos jurados do programa *Project Runway*, um "reality show" da cadeia americana *Bravo*, apresentado pela modelo americana de origem alemã Heidi Klum. O criador alemão estabelecido em Paris Karl Lagerfeld participou recentemente de uma campanha para a segurança nas estradas na qual ele exibia um colete amarelo refletor, obrigatório na França desde 1º de outubro de 2008, por cima de uma camisa branca e de um *smoking* impecável (completo, com gravata borboleta), declarando: "É amarelo, é feio, não combina com nada, mas isto pode salvar sua vida" (Pourquery, 2008). Citemos finalmente o filme *Coco avant Chanel* (*Coco antes de Chanel*, 2009), de Anne Fontaine, sobre a ascensão de Coco Chanel, interpretada por Audrey Tautou, que revela o *status* de "ícone" internacional da costureira francesa.

A personalização da moda, que se inicia com Worth, alterou profundamente a estrutura da indústria ao colocar à frente o criador e sua "grife"; entretanto, este não é um movimento isolado, e Pierre Bourdieu (1992) observa, por exemplo, uma tendência semelhante na literatura com a emergência no século XIX do romancista como figura emblemática do campo literário.

Isso nos leva a uma interrogação sobre a posição dos criadores de moda do ponto de vista da sociologia das profissões. O termo "profissão" em sociologia é particularmente difícil de aplicar em razão do sentido anglo-americano do termo, que é reservado a um conjunto restrito de ofícios, especialmente a advogados e médicos, tendo influenciado a própria elaboração do conceito na sociologia de língua francesa. Ele se distingue então do termo *ocupação*, que engloba, aproximadamente, a ideia de "ofício" em francês. Dizer que o trabalho dos criadores de moda é uma profissão, no sentido sociológico, está, portanto, repleto de sentido.

Para o sociólogo americano Andrew Abbott, que é o autor daquilo que provavelmente é atualmente a obra de maior sucesso sobre o assunto, as profissões são "grupos de ofícios exclusivos que aplicam um saber mais ou menos abstrato a casos concretos" (1988, p. 8). A vantagem dessa definição do conceito de profissão é que ela não se fundamenta em características externas como a existência de escolas especializadas ou de associações para decidir qual ofício é uma profissão e qual não é. O que importa, do seu ponto de vista, é, por um lado, o processo segundo o qual um ofício torna-se uma profissão e, por outro, a interação entre as diferentes profissões e ofícios que formam um sistema.

Uma profissão caracteriza-se em primeiro lugar por uma forma de exclusividade, o que é o caso dos costureiros e criadores de moda. Para os costureiros, a exclusividade é antes de tudo legal porque a profissão é regulamentada. Para os criadores de moda, se não há restrições legais para o estabelecimento de uma casa de moda, existe uma concorrência muito forte.

Em segundo lugar, uma profissão caracteriza-se pela existência de um saber abstrato aplicado a casos concretos. Abbott divide então as atividades profissionais em três fases: diagnóstico, inferência e processamento. Essas três fases encontram-se na criação da moda: em primeiro lugar, o diagnóstico estilístico das tendências; em seguida, a inferência, que se refere à definição de ideias e de temas de criação que correspondem a essas tendências e, finalmente, o processamento, que consiste em criar os *designs* que correspondem às tendências. Existe realmente na moda um movimento, reversível, do abstrato para o concreto. Há também um combate permanente liderado pelos criadores de moda para preservar e aumentar o controle de sua "jurisdição" (*jurisdiction*), quer dizer, daquilo que poderíamos chamar de sua zona de atividade exclusiva, especialmente em relação aos demais ofícios da criação, aos empresários e industriais da moda e também em relação aos clientes, aos quais todos tentam impor seus gostos em termos de vestuário.

Essa ideia de que as corporações profissionais estão em luta permanente para redefinir suas respectivas jurisdições é central em Abbott, e ela constitui, em sua opinião, o cerne da dinâmica das profissões. A emergência dos criadores de moda como protagonistas centrais da moda fez-se em dois tempos: em primeiro lugar por meio da autonomização do campo da moda, com a figura emblemática de Rose Bertin e, em seguida, pela sua personalização em volta de Charles Frederick Worth.

A primeira vitória foi alcançada perante numerosos clientes que cessaram de ditar seus gostos a criadores e criadoras; a segunda, perante os industriais, ao impor a grife, ou o nome, do criador ou da criadora como valor vendável final.

A conquista em dois tempos dessa autonomia foi, entretanto, acompanhada de lutas obstinadas no âmago da própria moda. Assim, como conta o historiador francês Alfred Franklin (1884), a criação de vestuários foi objeto de uma luta sem piedade entre corporações, até a sua abolição em 1791 e, em seguida, entre ofícios. Vários períodos podem ser distinguidos nessa luta confraternal. A primeira vai do final do século XIII a 1675. Ela assiste à imposição progressiva do monopólio da corporação dos alfaiates diante de outras corporações na criação de roupas para homens, mulheres e crianças. O estatuto de 1660 estabelece inicialmente que cada mestre alfaiate só pode ter um aprendiz por vez. Ele detalha em seguida as modalidades dessa aprendizagem, que deve durar três anos, prosseguir por uma mestria de mesma duração para terminar com a realização da obra-prima que leva à condição de mestre.

O segundo período, que se inicia em 1675, vê a corporação dos alfaiates ameaçada pela emergência das costureiras, uma nova corporação que estende pouco a pouco sua jurisdição aos domínios afins com os vestuários, especialmente os acessórios. O reconhecimento das costureiras como corporação é em si mesmo muito revelador do ponto de vista dos tipos de dinâmicas que ativam as profissões. Antes de 1675, numerosas damas de companhia das damas da corte produzem de maneira ilegal vestimentas que provocam represálias (multas e confiscação de bens) por parte dos alfaiates; as damas da corte, então, levaram esse assunto ao rei, que, por meio de estatuto, concedeu às costureiras o direito de criar certas vestimentas de mulher e seu próprio brasão "azul celeste, com tesouras de prata abertas" (Barberet, 1889). Foi ao se aliar com os aristocratas que, portanto, o ofício clandestino das costureiras tornou-se uma corporação, o equivalente às profissões modernas.

O terceiro período começa com o fim das corporações em 1791 e assiste à desqualificação progressiva dos alfaiates e das costureiras. Enquanto os alfaiates conseguem subsistir na confecção de moda para homens, as costureiras foram substituídas por modistas e depois pelos costureiros.

O princípio de personalização que se manifesta na moda indumentária pelo destaque unicamente de costureiros ou criadores no processo de produção de *designs* também encontra ecos em outros fenômenos de moda. Assim, a atribuição de nomes de batismo, mesmo quando ela leva à emergência de tendências incômodas, é pensada primeiramente pelos pais como um ato eminentemente individual. Da mesma forma, o exemplo dos góticos mostra que a identificação com uma subcultura é inicialmente pensada como uma escolha eminentemente individual.

A atenção da mídia recai sobre alguns criadores que são apresentados como os protagonistas centrais da moda. No entanto, por um lado, os criadores são o resultado de um longo processo de formação e aprendizagem e, por outro, o ato de criação só muito raramente é de autoria de um único indivíduo. Atrás dos grandes nomes da criação esconde-se um grande número de protagonistas com papéis e funções diversas (Giusti, 2006).

A carreira de um criador de moda, em todo caso, depois da emergência da alta-costura no século XIX, organiza-se em torno de diversas etapas. Primeiramente há a formação inicial, que pode ocorrer quer no âmbito profissional, segundo o modelo do aprendiz das corporações, quer numa escola. O primeiro modelo, o dos grandes nomes da alta-costura, Coco Chanel, por exemplo, parece hoje em dia ter deixado o lugar ao segundo, de acordo com as exigências contemporâneas da profissionalização. No entanto, no caso da moda, o período de formação do tipo acadêmico oferece ótimas oportunidades de obter estágios com profissionais; conseguir um estágio numa casa célebre é então um trunfo importante na carreira de um criador ou uma criadora. Depois dessa primeira etapa, começa a carreira de criação propriamente dita. Existem diferentes graus no mundo da moda mesmo sendo eles muito menos formais do que em outras profissões, como na administração pública ou nos bancos de investimentos.

ALGUMAS CARREIRAS DE CRIADORES E CRIADORAS CONTEMPORÂNEOS

A fim de ilustrar concretamente a realidade das carreiras na moda, pode ser interessante analisar certo número de carreiras de criadores de moda conhecidos, tentando abarcar vários períodos históricos e zonas geográficas, a fim de perceber eventuais semelhanças ou diferenças entre os criadores segundo seu lugar de origem e sua época. São, portanto, apresentadas e discutidas aqui as carreiras de Coco Chanel, Karl Lagerfeld, Giogio Armani, Yves Saint Laurent, Calvin Klein, Jean-Paul Gaultier e John Galliano. As fontes utilizadas para reconstruir essas carreiras são diversas enciclopédias da moda (Benbow-Pfalzgraf, 2002; Stegemeyer, 2004; Vergani, 2003) às quais os leitores são convidados a se reportar para obter informações mais amplas.

Gabrielle Chanel, chamada de "Coco" Chanel (1883-1971), nasceu em uma família muito modesta e passou uma grande parte de sua infância num orfanato. Ela aprendeu então a costurar e abriu várias butiques nos anos 1910. Nos anos 1920, criou o célebre "tubinho preto". Sua atividade tornou-se próspera, apesar da Grande Depressão de 1929. No entanto, nessa época, em que ela empregava alguns milhares de pessoas, decidiu suspender seus negócios, desde o início da Segunda Guerra Mundial. Seu retorno à cena parisiense da moda ocorreu em 1954, e ela impôs ao mundo o *tailleur* de tweed.

Karl Lagerfeld, nasceu em Hamburgo, na Alemanha, em 1938. Ele deixou seu país natal e foi para Paris no início dos anos 1950 e trabalhou como aprendiz para Pierre Balmain e como assistente para Jean Patou. No início dos anos 1960, ele iniciou uma longa carreira como criador independente e trabalhou para um grande número de casas de prestígio, entre as quais Chloé e Fendi. Em 1983, se juntou à casa Chanel, da qual se tornou diretor artístico. Ele continua também a criar modelos para Fendi e sua própria casa Lagerfeld Gallery, criada em 1998.

Giogio Armani nasceu em 1934 na Itália. Depois de breves estudos de medicina, ele trabalhou nos anos 1950 como expositor de mercadorias para a grande loja italiana La Rinascente. Em seguida foi trabalhar na casa Nino Cerruti, onde se tornou assistente na metade dos anos 1960. Após alguns anos trabalhando como autônomo, criou em 1974 sua própria casa de moda com seu amigo Sergio Galeotti. Hoje em dia ele está à frente de uma das casas de moda mais importantes do mundo.

Em 1957, com a idade de 21 anos, Yves Saint Laurent (1936-2008) sucedeu a Christian Dior, depois de ter estudado na École de la Chambre syndicale de la couture parisiense. Graças a seu talento, ele conseguiu salvar a casa Dior do naufrágio, mas a relação com ela foi interrompida pelo serviço militar, do qual precisou desobrigar-se no início dos anos 1960. Ele fundou então, em 1962, sua própria casa, com seu parceiro Pierre Bergé. Desde 1999, a casa Yves Saint Laurent pertence ao Gucci Group, uma filial do grupo PPR (multinacional francesa especializada em lojas de luxo).

Calvin Klein, nascido em 1942, é originário do Bronx, em Nova York. Ele estudou no *Fashion Institute of Technology*, sem obter o diploma, antes de trabalhar como estilista para diferentes lojas de Nova York. Ao fim de cinco anos, criou com Barry K. Schwartz sua própria casa de moda, que ainda hoje é uma das mais influentes do mundo.

Jean-Paul Gaultier nasceu em 1952, na França. Muito cedo, começou a enviar desenhos de modelos para Pierre Cardin, que o contratou quando ele não tinha nem 18 anos. Depois de um trabalho de assistente com Jean Esterel e Jean Patou, ele criou sua própria marca em 1976 e entrou na casa Hermès como diretor artístico em 2003.

John Galliano veio ao mundo em 1960, em Gibraltar, e nasceu num meio modesto. Nos anos 1960, sua família instalou-se em Londres, e nos anos 1980 ele entrou na Central Saint Martins, a célebre escola londrina de arte e criação, onde se formou, em 1983. Ele criou, então, imediatamente sua própria casa de moda. Em 1990, organizou seu primeiro desfile em Paris e foi notado por Bernard Arnault, presidente e diretor-geral do grande conglomerado francês da moda LVMH (Moët Hennessy e Louis Vuitton, holding francesa especializada em artigos de luxo), que lhe confiou as rédeas da Givenchy em 1995 e depois da Dior, a partir de 1996.

Essas diferentes carreiras, que abrangem mais de um século e dois continentes, revelam certo número de fatos importantes na maneira pela qual os criadores de moda emergem. Em primeiro lugar, não há um modelo único de carreira na moda. Assim, enquanto criadores como Yves Saint Laurent foram treinados e guiados por criadores mais experientes antes de criar sua própria casa de moda, outros, como Calvin Klein, começaram a desenvolver a própria atividade diretamente após os estudos. Da mesma forma, o papel dos estudos varia de uma época e de um país a outro. Enquanto os criadores ingleses e americanos têm tendência a fazer estudos de moda em um centro universitário, como John Galliano na Central Saint Martins em Londres ou Calvin Klein no Fashion Institute of Technology em Nova York, os criadores franceses ou italianos dão preferência a uma formação prática como aprendizes de criadores comprovados. Essa diferença tende, entretanto, a desaparecer aos poucos, e dá a impressão de que o modelo anglo--americano de estudos do tipo acadêmico, associado com estágios curtos, impõe-se por toda parte.

De maneira geral, existe uma distinção entre os papéis de direção e gestão, no cimo da hierarquia, e os papéis de execução. As coleções das grandes casas de moda são conduzidas por diretores artísticos ou diretores de criação – a terminologia é inconstante. Cada um dos diretores trabalha com uma equipe de vários criadores (estagiários, assistentes ou associados), que gerenciam os aspectos específicos do processo de criação; a divisão das tarefas varia de uma casa a outra, mas ela pode se organizar em torno de linhas de produtos (moda masculina ou feminina) ou ainda de etapas no processo de criação (pesquisas documentais sobre um estilo, desenho de modelos, entre outros). O tamanho das equipes de criação varia em função do tamanho da casa de moda, mas agrupa tipicamente entre quatro a quarenta pessoas (La Ferla, 1998). Também é importante assinalar que numerosos criadores trabalham "como autônomos" (*freelancer*) para coleções ou projetos específicos, completando dessa maneira as próprias equipes das casas de moda.

A QUESTÃO DA "GRIFE"

Para os criadores, a criação de sua própria "grife" constitui uma consagração e um resultado, mesmo que nem todos se prestem a essa prática. Tradicionalmente, as casas de moda levam o nome de seu fundador, como no caso da casa Dior, que foi fundada por Christian Dior, mas atualmente isso não ocorre mais sistematicamente. Por exemplo, pode acontecer que os criadores e as criadoras estabeleçam casas de moda que não levam seu nome: um caso célebre foi Comme des Garçons, fundada por Rei Kawakubo em 1969. Da mesma forma, pode ocorrer que equipes de criadores ou de criadoras estabeleçam uma casa comum que leve um nome relacionado a seus patronímicos: por exemplo, os criadores americanos Lazaro Hernandez e Jack McCollough utilizaram o sobrenome de solteira das mães para dar nome a sua casa de moda em 2002, Proenza Schouler.

Também acontece, por vezes, que criadores ou criadoras trabalhem para várias casas de moda simultaneamente: por exemplo, o caso de Karl Lagerfeld, que trabalha para Chanel e Fendi, assim como para suas próprias marcas. Com muita frequência coloca-se também a questão da sucessão no seio de uma casa de moda, quando ela sobrevive ao desaparecimento ou à cessação da atividade de seu fundador. Existe então uma tensão central entre criadores e criadoras, de um lado, e casas de moda, de outro. Essa tensão pode ser compreendida como um problema de compatibilidade estilística entre criadores e casas de moda. Para o criador, trata-se de posicionar-se em relação à herança estilística da casa. Para a casa, e mais precisamente para seus quadros e acionistas, trata-se de conservar essa herança ao mesmo tempo em que não se reprime a criatividade dos criadores que representam a marca. Vários casos podem ilustrar essa tensão. Depois da morte de Coco Chanel, a célebre casa de moda cai em desuso. Foi somente com a chegada de Karl Lagerfeld, no início dos anos 1980, que ela volta a ficar na vanguarda. Produz-se então um cruzamento natural entre a identidade de Chanel e sua herança estilística muito específica (o tubinho preto, o *tailleur*) com a de Karl Lagerfeld e de seu gosto pelas influências góticas e certas cores (preto, azul-marinho e branco). No documentário "oficial" consagrado a Karl Lagerfeld, *Lagerfeld Confidentiel* (2008, realizado por Rodolphe Marconi), o próprio Karl Lagerfeld fala de uma bela adormecida que foi preciso despertar. Uma de suas coleções mais célebres (outono/inverno 2005-2006), mostrada no documentário, ilustra maravilhosamente bem o processo de hibridação estilística: enquanto as modelos avançam sobre uma passarela circular de um branco imaculado, todas vestidas de preto e com o rumor produzido pelo roçar dos tecidos, elas parecem muito

"Lagerfeld" e a herança Chanel parece ter desaparecido. No entanto, quando estão posicionadas na passarela, as modelos revelam, sob seus casacos pretos, *tailleurs* coloridos, uma homenagem ao tailleur Chanel rosa de Jackie Kennedy.

A hibridação nem sempre funciona, e um exemplo célebre é o de Alexander McQueen na casa Givenchy, o qual declarou essencialmente que a herança estilística do fundador, seu empregador, era menor. Sua experiência na casa Givenchy não transcorreu bem, e ele precisou enfrentar numerosas críticas por parte dos profissionais da moda.

A questão da hibridação estilística entre criadores e casas de moda permite introduzir a ideia de que qualquer atividade humana depende de um conjunto mais amplo de relações sociais. Isso vale não somente para as atividades econômicas, mas também para as artísticas. A moda, que é simultaneamente indústria e arte, depende então duplamente de seu contexto.

Concretamente, as relações econômicas na indústria da moda dependem de fatores que vão além da oferta e da demanda e incluem um grande número de fatores, especialmente estatutários e identitários. Essa ideia foi expressa como uma "inserção" das atividades econômicas nas relações sociais e nas redes sociais (Granovetter, 1985). A criatividade depende também de um grande número de relações sociais; como mostra a socióloga americana Elizabeth Currid (2007), os "criativos" não podem viver isolados e necessitam de um terreno social para existir; o meio urbano é o local privilegiado da criatividade porque ele oferece intercâmbios e oportunidades; e é isso que Howard Becker (1982) chama de os "mundos da arte": uma obra de arte, um quadro, ou uma camisa nunca se produzem numa torre de marfim.

Em torno dos criadores: a organização das casas de moda

Dizer que a moda contemporânea caracteriza-se por um destaque do costureiro ou do criador não quer dizer que, na prática, o costureiro ou o criador seja o único ator que deve ser levado em consideração. A personalização da moda é um fenômeno simbólico que não deve dissimular a realidade do trabalho na moda.

Em primeiro lugar, o trabalho do criador ou da criadora de moda só existe porque há uma atividade econômica e industrial que se desenvolve para permitir a produção de vestuários. Qualquer casa de moda é uma empresa orientada para o proveito e por isso se compõe de diferentes funções, que encontramos em qualquer empresa, recursos humanos no controle de gestão passando pelas relações com a imprensa ou a informática. Essas funções são essenciais para a sobrevivência das casas de moda e não podem ser ignoradas, mas elas não são específicas da moda e, portanto, não serão expostas em detalhes aqui. Assinalamos que, no caso da moda, elas assumem uma dimensão particular, na medida em que devem levar em conta a imprevisibilidade inerente a qualquer empresa de criação.

No que se refere à produção em si, o criador ou a criadora de moda, de forma concreta, muito raramente produz os vestuários. No caso da alta-costura, são as costureiras que concretizam as visões do grande costureiro. No caso do *prêt-à-porter*, são os operários e as operárias que, por vezes, em condições muito difíceis, transformam as matérias-primas inertes – tais como o algodão ou a seda – em vestuário. Em seguida, mesmo de um ponto de vista criativo, os criadores e as criadoras de moda são cercados por múltiplos outros profissionais, não somente outros criadores e criadoras, mas também modelos ou fotógrafos de moda, por exemplo.

Vamos falar detalhadamente sobre essas duas outras profissões mais adiante porque, aos olhos do público, elas são emblemáticas da moda.

O trabalho de modelo é um ofício essencial na moda, porque eles ou elas dão um rosto aos *designs*, literalmente. O próprio ofício é recente, e o início da atividade exercida pela modelo moderna remonta a Marie Vernet, a esposa de Charles Frederick Worth. Ela foi a primeira a desfilar num ambiente público para mostrar as criações de seu marido. Antes disso, existia modelos, mas elas só exerciam esse ofício num ambiente privado, para clientes escolhidos.

O ofício de modelo evoluiu muito no decorrer do século XX, mas não pode realmente pretender o titulo de profissão pelo fato da autonomia muito reduzida de seus membros. Com efeito, o prestígio (ou *status* social) dos modelos é essencialmente derivado do prestígio das agências de modelos e das casas de moda que os empregam (Godart & Mears, 2009). A seleção dos modelos é drástica e compõe-se de duas etapas. Primeiramente, os aspirantes e as aspirantes a modelos são selecionados pelas agências de modelos como a Ford Model Management (fundada em 1946, em Nova York) ou a Elite Model Management (fundada em 1972, em Paris). Em seguida, os clientes (casa de moda, lojas, fotógrafos ou grandes revistas) fazem uma segunda seleção entre os modelos escolhidos pelas agências.

Como explica a socióloga americana Ashley Mears (2008), ao mesmo tempo em que o ofício de modelo é um dos mais desejados e fantasiados, ele é também um dos mais árduos. Primeiramente, o corpo e a idade das modelos são constantemente controlados pelas agências e pelos criadores: as medidas ideais são 85-60-85, e a idade raramente ultrapassa os 25 anos. Finalmente, a grande incerteza dos critérios de beleza torna o sucesso muito aleatório. O ofício de modelo também é muito compartimentado e hierarquizado, como explicam as sociólogas americanas Gina Neff, Elizabeth Wissinger e Sharon Zukin (2005). No alto da pirâmide, encontramos os modelos que têm contratos exclusivos com as grandes casas de moda ou as grandes marcas de cosméticos. Abaixo, estão os modelos que desfilam para as grandes casas de moda ou posam para as revistas de moda de prestígio. Na parte de baixo da pirâmide ficam os modelos que posam para catálogos ou trabalham em salões (os de automóveis, por exemplo). Nos anos 1990, surgiu a *top model* ou *supermodel*:

> Andando impetuosamente, ela é extraordinária. Intensa. Moderna. Mesmo na maneira de falar de si, ela mudou. As modelos de desfiles não são mais cabides anônimos, belezas interioranas de encanto mortiço. Estrelas de capa de revistas e de fotógrafos, elas se transformam em verdadeiras inspiradoras (*Vogue*, setembro de 1990, p. 219).

Modelos como Naomi Campbell, Cindy Crawford ou ainda Claudia Schiffer foram alçadas ao firmamento da celebridade e da riqueza. No entanto, as *supermodels* conheceram um eclipse na virada do século XXI, e as estrelas de cinema as substituíram, embora algumas evoquem o retorno das modelos (Woot, 2008).

Os fotógrafos de moda também desempenham um papel importante na definição da imagem de marca das casas de moda e na difusão das evoluções estilísticas da indústria até os consumidores. O sociólogo sueco Patrik Aspers (2001) consagrou um livro aos fotógrafos de moda na Suécia. Utilizando a perspectiva socioeconômica desenvolvida por Harrison White, e já exposta anteriormente, ele mostra que a fotografia de moda é, essencialmente, "um mercado de produção associado" no qual o produtor das imagens (o fotógrafo) trabalha com o consumidor (o criador de moda ou o editor da revista).

No âmbito da profissão de fotógrafo de moda, como no caso da profissão de modelo, é preciso distinguir dois grupos: os fotógrafos "artísticos" e os fotógrafos "comerciais". Enquanto os primeiros beneficiam-se de uma ampla autonomia criativa em sua atividade, os segundos seguem as diretivas precisas de seus clientes, com frequência para catálogos. Aspers assinala, no entanto, que mesmo que os fotógrafos artísticos tenham um prestígio mais elevado que seus colegas, nem por isso ganham necessariamente mais que eles. Dessa forma, Aspers confirma o interesse que existe em utilizar uma abordagem socioeconômica em vez de puramente econômica para compreender a moda e as indústrias da criação em geral. Com efeito, o mundo da fotografia de moda mostra que as considerações sociais, como o *status* social ou o prestígio artístico, podem por vezes levar a melhor sobre as considerações puramente econômicas, como o salário, nas escolhas profissionais das indústrias criativas.

Torna-se necessário, por fim, assinalar que se antes os modistas e os costureiros aprendiam seu ofício em contato com profissionais mais experientes, como aprendizes, hoje em dia essa situação não é mais a mesma. Por exemplo, o costureiro francês Paul Poiret (1879-1944) aprendeu seu ofício com os costureiros Jacques Doucet (1853-1929) e depois com Charles Frederick Worth, desde a idade de 17 anos. Atualmente, a maior parte dos criadores passa por uma formação acadêmica, e as escolas de *design* e de moda ganharam uma influência crescente no decorrer do século XX e no início do século XXI.

A moda compõe-se de numerosos ofícios, e cada um deles requer uma formação particular. Assim, um criador não seguirá o mesmo percurso acadêmico de um comprador ou um contador que trabalhe na indústria da moda.

AS ESCOLAS DE MODA: PERSPECTIVA INTERNACIONAL

Visto que ainda não foi realizada uma classificação "oficial" das escolas de moda e de *design*, o que permitiria selecionar as mais importantes, uma seleção não exaustiva das principais escolas é proposta (com uma organização por país).

Essa visão de conjunto, que deixa de lado certo número de instituições, não é de modo algum um juízo de valor sobre a qualidade das escolas. As informações utilizadas são provenientes de documentos oficiais que estão disponíveis nos *sites* dessas escolas na internet, mas foram intercaladas, tanto quanto possível, com as fontes acadêmicas mais neutras, particularmente o *Fashion Dictionary*, editado por Guido Vergani (2003).

Nos Estados Unidos, três escolas se distinguem: Parsons, FIT e RISD.

A Parsons The New School for Design (ou simplesmente Parsons para os iniciados), localizada em Nova York, foi fundada em 1896 e uniu-se em 1970 ao conjunto mais vasto da universidade de Nova York. Há cerca de 6.000 estudantes, considerando a totalidade das turmas, que frequentam a Parsons, e a escola abriu três *campi* associados na França, na República Dominicana e no Japão. A moda é apenas um dos diferentes programas oferecidos aos estudantes de outras áreas, por exemplo, de fotografia ou arquitetura. A Parsons está muito presente na mídia americana por meio de transmissões de televisão, como o *Project Runway*, que acontece nos locais da escola, ou o *Tim Gunn's Guide to Style*, que é apresentado, no canal *Bravo*, por Tim Gunn, antigo diretor do programa de moda da Parsons entre 2000 e 2007. Alguns dos maiores nomes da moda americana são antigos alunos da Parsons: Tom Ford, Marc Jacobs, Donna Karan ou ainda Anna Sui.

O Fashion Institute of Technology (FIT), em Nova York, foi fundado em 1944 por um grupo de profissionais da moda que fugiu da guerra na Europa. Em 1951, a escola se junta ao quadro da State University of New York, uma universidade pública do estado de Nova York. Em 1959, a escola instala-se na 7th Avenue de Manhattan, bairro considerado o centro do vestuário nova-iorquino (*garment district*). No outono de 2008 havia 7.055 estudantes em período integral, 3.010 em período parcial. O FIT conta entre seus antigos alunos os criadores americanos Calvin Klein e Michael Kors.

A Rhode Island School of Design (RISD) foi fundada em 1877, em Providence, no estado de Rhode Island, nos Estados Unidos. Ela conta 2.000 estudantes e entre seus antigos alunos encontra-se a criadora americana Nicole Miller.

Na Europa, Londres, Paris e Antuérpia, as escolas distinguem-se como centros acadêmicos particularmente importantes no mundo da moda:

A Central Saint Martin College of Art & Design (com frequência abreviada para "Saint Martins"), em Londres, é o resultado da fusão em 1989 entre a S. Martin's School of Art (fundada em 1854) e a Central School of Arts & Crafts (fundada em 1896). A escola formou criadores e criadoras, tais como John Galliano, Alexander McQueen e Stella McCartney, que exerceram sua influência sobre a moda parisiense a partir do final dos anos 1990.

O Royal College of Art de Londres, fundado em 1837, oferece um programa de prestígio no domínio da moda, que foi configurado logo em seguida à Segunda Guerra Mundial. A escola conta menos de 1.000 alunos, considerando as seções em sua totalidade. Entre seus antigos estudantes, podemos mencionar o criador inglês Ossie Clark.

A Middlesex University, em Londres, foi fundada em 1878. Ela conta cerca de 20.000 estudantes na maior parte das disciplinas universitárias. No universo da moda, a criadora inglesa Vivienne Westwood pode ser apontada como antiga aluna.

A École de la Chambre Syndicale de la Haute Couture parisienne foi fundada em Paris, em 1927. Numerosos criadores influentes formaram-se nela, por exemplo, Yves Saint Laurent.

A Esmod foi fundada em 1841, em Paris. A escola apresenta atualmente a particularidade de estar presente em diversas cidades francesas e em numerosos países. Entre seus antigos alunos, contamos os criadores franceses Franck Sorbier ou Éric Bergère.

O Institut Français de la Mode (IFM), criado em 1986, é fruto de uma colaboração entre os poderes públicos e os profissionais franceses da moda. Desde 2006, o IFM é membro da reunião das grandes escolas.

A Koninklijke Academie voor Schone Kunsten van Antwerpen (Academia Real de Belas-Artes da Antuérpia), na Bélgica, foi fundada em 1663. As disciplinas que ali são ensinadas vão além da moda. Entre os numerosos criadores célebres que passaram por essa escola podemos citar os "seis de Antuérpia (*Antwerp six*): Walter Van Beirendonck, Dirk Bikkembergs, Ann Demeulemeester, Dries Van Noten, Dirk Van Saene e Marina Yee.

Na Ásia, somente Tóquio abriga pelo menos uma escola de moda de reputação internacional incontestada. A Bunka Fashion College de Tokyo, fundada em 1919, formou criadores como Kenzo Takada, Junya Watanabe e Yohji Yamamoto, que constituíram os elementos mais combativos da "revolução japonesa na moda parisiense" (Kawamura, 2004).

Um primeiro fato que impressiona na leitura dos perfis dessas escolas é a centralização das escolas de moda num número muito limitado de países: Estados Unidos, Reino Unido, França, Bélgica e Japão. Essa centralização tem uma grande semelhança com a constatada para a criação de *designs* e a dominação financeira do setor, com exceção notável da Itália. Um segundo fato importante é que poucas dessas escolas estão ligadas a universidades "tradicionais", o que reforça a impressão de isolamento da moda como carreira.

É preciso destacar que numerosos criadores chegam à moda depois de ter estudado disciplinas diversas e variadas; por exemplo, Christian Dior estudou na Sciences Po (Institut d'Études Politiques de Paris) em Paris, André Courrèges é um engenheiro de Ponts et Chaussées (pontes e estradas). De maneira mais geral, uma formação em artes e *design* pode preparar para uma carreira na criação de moda.

Em suma, a personalização da moda não significa que ela dependa de algumas pessoas-chave, mas mais especialmente do fato de que uma crença partilhada proporciona às pessoas um lugar preponderante no processo de criação. Essa crença no valor último da pessoa ou do indivíduo é um princípio fundador da modernidade e encontra-se, por exemplo, na crença da existência de "gênios", como Mozart (Elias, 1991).

CAPÍTULO 5
Simbolização: a força das marcas

O quinto princípio da moda é uma extensão do precedente pelo fato de que ele generaliza a força da "grife" personificando-a nas marcas e tornando-a independente da pessoa dos costureiros e dos criadores propriamente ditos. Enquanto a moda de Charles Frederick Worth centrava-se em indivíduos particulares, os costureiros, a moda que emerge depois da Segunda Guerra Mundial torna-se uma moda centrada nas marcas, separando assim a criação do criador.

É difícil definir um momento preciso a partir do qual essa transição se iniciou, mas parece realmente que Paul Poiret foi um precursor desse movimento. Desde 1911, ele cria uma linha de cosméticos e perfumes, *Rosine*, e nos anos que se seguem assina uma série de contratos de licença com parceiros americanos especialmente a fim de fazer frente a uma cópia endêmica dos *designs* europeus pelos protagonistas da indústria americana do vestuário. No entanto, o objetivo principal de Poiret era reafirmar a preeminência do costureiro, como pessoa, sobre suas criações, e suas iniciativas são a expressão do movimento de personalização evocado no capítulo precedente.

É preciso esperar a emergência do *prêt-à-porter* na moda parisiense para vermos as marcas afirmarem-se no mundo da moda de maneira geral. Yves Saint Laurent, o primeiro, lança a partir de 1966 uma marca de *prêt-à-porter* derivada de sua alta-costura e distribuída numa rede de butiques franqueadas. Yves Saint Laurent Rive Gauche; coisa impensável no mundo da alta-costura – a produção de vestuário foi confiada a um produtor externo, C. Mendes; uma segunda linha, Variation, foi criada em 1982 (Ricci, 2003). O movimento iniciado por Saint Laurent também foi facilitado por uma baixa geral dos custos de produção, graças ao sistema de "montagem progressiva por pacotes" (analisado no capítulo "Convergência: a centralização das tendências"), e pelo aumento do padrão de vida da população na mesma época. A moda torna-se então um sistema de marcas, ligadas ou não a criadores ou criadoras epônimos, que concorrem entre si para atrair a atenção de uma clientela cada vez mais ampla cultural e socialmente.

Elaboração das marcas

A MODA EM FACE DE SEU SIGNIFICADO

Dizer que a moda se torna um sistema de marcas não quer dizer que as questões de produção e distribuição devem ser ignoradas e que a marca torna-se o único elemento que tem importância na estratégia e organização das casas de moda.

Com efeito, a própria sobrevida de uma casa de moda, como empresa orientada para o lucro, depende da boa compreensão e da consideração desses fatores estratégicos e organizacionais. No entanto, a relação entre as casas de moda e seus clientes "esconde" esses elementos estratégicos e organizacionais e é a marca que comunica os sinais que permitem aos consumidores fazer sua escolha.

Em outros termos, a realidade econômica das casas de moda não interessa ao consumidor, e é o universo imaginário e simbólico da marca que serve de interface entre o mundo da produção e o do consumo. A moda, portanto, como sistema de marcas, é um sistema de sinais e significados. No entanto, a dimensão estilística e semiológica da moda encontra-se além das marcas, por exemplo, nos vestuários propriamente ditos, e isso levou ao desenvolvimento de numerosas pesquisas que tentam perceber a especificidade do "significado" da moda (ver boxe nas páginas 116-119). Uma perspectiva linguística próxima da sociologia, mas distinta, pode esclarecer os sinais produzidos pelo sistema da moda.

Antes de interessar-se pelo processo que conduz à emergência das marcas, convém voltar a esse conceito "abrange tudo" (Poldony, 2005). O conceito de marcas, como a maior parte dos conceitos importantes das ciências sociais, foi definido de múltiplas maneiras.

Existe, entretanto, uma abordagem particularmente fecunda para a compreensão da indústria da moda, que vê na marca uma entidade dotada de uma "identidade" (Kapferer, 1997) ou de uma "personalidade" (Aaker, J. L., 1997). Apesar das similaridades entre as abordagens do especialista francês em *marketing* Jean-Noël Kapferer e da especialista americana Jennifer Aaker, existem algumas diferenças que convém observar.

À medida que Kapferer acredita que a identidade de uma marca deve ser compreendida por meio de seis dimensões socioculturais, Aaker atribui às marcas uma personalidade análoga à dos humanos. A abordagem de Kapferer é sociológica, enquanto a de Aaker é psicológica. Elas são complementares, entretanto, visto que se interessam por dois aspectos importantes das marcas: as de Aaker se inscrevem em contextos sociais mais amplos, que lhes dão significado e constituem as protagonistas relativamente autônomas no espaço socioeconômico que lhes diz respeito, como a moda e o luxo, no caso que nos interessa.

A elaboração das marcas na moda e no luxo é o objeto de todas as atenções dos protagonistas dessas indústrias. A atividade não é fácil, e mesmo grandes grupos enfrentaram dificuldades quando tentaram construir uma nova marca. Por exemplo, enquanto Bernard Arnault, presidente e diretor geral do conglomerado de luxo francês LVMH, adquiriu numerosas casas de moda já conhecidas, como Donna Karan ou Marc Jacobs, para enriquecer sua "carteira de marcas", Christian Lacroix foi criado sob sua égide em 1987.

A MODA SEGUNDO BARTHES

O perito francês em semiologia Roland Barthes (1967) foi um dos primeiros a sugerir que a moda constitui um sistema coerente de sinais que pode ser analisado por meio de ferramentas geralmente usadas para a análise das línguas. A análise de Barthes diz respeito à moda tal como ela é exposta e descrita em detalhes nas revistas de moda, e não nos próprios vestuários. Ele utiliza para isso um conjunto de textos extraídos de duas revistas de moda, *Elle* (fundada na França em 1945) e *Le Jardin des modes* (publicada na França de 1922 a 1997).

Sua perspectiva teórica está fundamentada em três conceitos centrais, herdados da linguística dita "saussuriana", termo derivado do nome do linguista suíço Ferdinand de Saussure (1857-1913): o significado, o significante e o signo. Os significados são conceitos ou representações e não as coisas "reais" propriamente ditas. Os significantes são as palavras formadas para designar os conceitos. Os signos unem os significados e os significantes e formam um sistema porque eles só têm sentido em relação a outros signos. No caso da moda, por suas mudanças permanentes, há vários níveis de significantes e de significados, e a dinâmica dos signos é muito específica.

Barthes distingue dois conjuntos de sistemas que unem significantes e significados. Esses dois sistemas estão representados nas duas figuras que se seguem, nas quais "Sa" designa os "significantes" e "Sé", os "significados".

Figura 1 | Conjunto A.

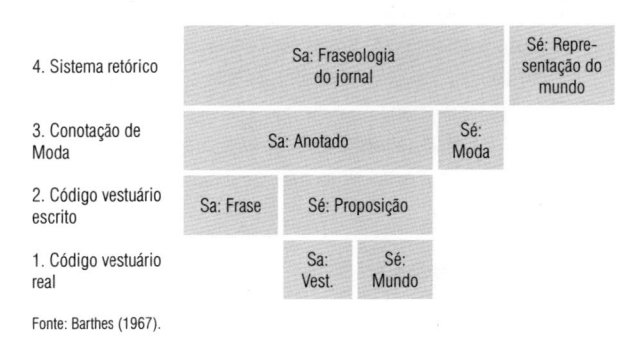

4. Sistema retórico	Sa: Fraseologia do jornal		Sé: Representação do mundo
3. Conotação de Moda	Sa: Anotado		Sé: Moda
2. Código vestuário escrito	Sa: Frase	Sé: Proposição	
1. Código vestuário real		Sa: Vest.	Sé: Mundo

Fonte: Barthes (1967).

Um exemplo de conjunto A, tal como é representado na figura 1 e sugerido pelo próprio Barthes, é "os estampados triunfam nas corridas". Nesse caso, quatro níveis de análise podem ser distinguidos. O primeiro nível, o "código real relativo ao vestuário", o vestuário ("vest."), é o significante do mundo, os estampados significam "as corridas" (de cavalos, no caso). O segundo nível, o "código escrito relativo ao vestuário", é uma primeira transformação operada pelas revistas de moda. A frase significa o conjunto dos conceitos contidos na proposição (estampados, corridas, entre outros). O terceiro nível é o da "conotação de Moda": com efeito, o fato de usar tecidos estampados (que "triunfam nas corridas") é uma tendência da moda, e é, portanto, a Moda (com maiúscula, no sentido geral de Barthes) que é significada pelos estampados. Finalmente, o quarto nível de análise é o do "sistema retórico", que traduz uma "representação do mundo" do jornal, a ideia de um conflito e de uma competição social por meio da ideia de "triunfo". Na figura 2, podemos ver uma representação daquilo que Barthes chamou de conjunto B. Esse conjunto é mais simples que o precedente pelo fato de comportar apenas três níveis de análise. Um tipo de enunciado sugerido por Barthes, que corresponde a esse conjunto é: "Que toda mulher encurte sua saia até o nível do joelho, adote os xadrezes em tons *dégradés* e ande com escarpins de duas cores". Nesse caso, o significado do primeiro nível não é mais o mundo (as corridas), mas a "Moda", a revista descrevendo a moda usual. É por isso que o nível da "conotação de Moda" desaparece. Em compensação, uma conotação está sempre presente no caso do "sistema retórico", visto que a frase da revista afirma que as saias "no nível do joelho", os "xadrezes *dégradés*" e os "*escarpins* de duas cores" estão na moda, sem deixar lugar para discussão.

Figura 2 | Conjunto B.

3. Sistema retórico	Sa: Fraseologia do jornal		Sé: Representação do mundo
2. Código vestuário escrito	Sa: Frase	Sé: Proposição	
1. Código vestuário real		Sa: Vest.	Sé: Moda

Fonte: Barthes (1967).

A aproximação teórica de Barthes é muito rica e complexa, mas a ideia principal que resulta dos dois conjuntos de sistemas descritos aqui é que as revistas criam seu próprio sistema de signos, que é, numa certa medida, independente dos vestuários reais. Assim, a moda indumentária é uma formação social na qual o nível simbólico é relativamente autônomo. É preciso, entretanto, assinalar também um limite importante da abordagem de Barthes, que, aliás, reconhece: os vestuários, como objetos físicos, constituem tam-

> bém um sistema de signos que não é necessariamente midiatizado pelas revistas de moda. Por exemplo, um *blue jeans* significa uma atmosfera informal enquanto um terno significa uma atmosfera formal, pelo menos no Ocidente. Esse significado é relativamente estável e amplamente conhecido. Entretanto, como sublinha Fred Davis (1992), o vestuário constitui um código que é quase sempre ambíguo, contextual e "subcodificado" (*undercoded*). Em outros termos, se o *blue jeans* denota com frequência certa informalidade, seu sentido completo varia de uma situação concreta para outra. Por exemplo, o seu preço ou a sua marca podem torná-lo um veículo de consumo ostentatório que altera sua dimensão informal e o torna ambíguo. Da mesma forma, o *blue jeans* pode, por vezes, denotar a revolta ou a juventude, e outras vezes o conformismo.

Apesar da presença de um costureiro muito talentoso e o suporte financeiro e operacional de um grupo poderoso, a atividade revelou-se um fracasso financeiro, e Christian Lacroix nunca se tornou rentável. Em 2005, Bernard Arnault decide vender a marca ao grupo Falic e, apesar de múltiplas tentativas para reerguê-la, a casa de moda acabou por declarar falência em 2009 (Lécluse, 2009).

A GESTÃO DAS MARCAS NA MODA

Além da elaboração das marcas, a sua gestão também é complexa. Como explicam o sociólogo Jean-Claude Thoening e o especialista em *marketing* Charles Waldman (2005), uma marca que dura é a que consegue criar um espaço social ao seu redor. Por exemplo, a casa de moda italiana Benetton criou seu próprio espaço em torno de pulôveres coloridos, a preço baixo e com alegação de igualdade entre os indivíduos. A questão da definição de um espaço social é essencial para uma marca.

O posicionamento de uma marca nesse espaço pode ser concebido esquematicamente como dependente de duas dimensões:

uma dimensão vertical, que está ligada aos grupos de *status* e uma horizontal, que está ligada aos estilos de vida. A primeira dimensão é hierárquica, a segunda não é. Em *marketing*, o desenvolvimento de uma marca é chamado de "extensão" e produz-se segundo um dos dois eixos citados, seja por meio de um "deslocamento" da marca existente, ou por meio da criação de novas submarcas (Aaker, D. A., 1997; Aaker & Keller, 1990).

O exemplo de Armani possivelmente permite ilustrar a questão do posicionamento das marcas e definir algumas de suas implicações (White *et al.*, 2007). A Armani é uma casa de moda tradicionalmente posicionada no topo do *ranking*, por meio de submarcas, como a Armani Privé ou Giorgio Armani. As submarcas "Empório Armani" ou "Armani Exchange" representam extensões verticais em direção ao ponto médio do *ranking*. O Empório Armani situa-se numa faixa de preços superiores aos da Armani Exchange. As marcas Armani Jeans e Armani Junior são extensões horizontais porque elas dizem respeito a grupos de consumidores diferenciados por tipos de vestuário e por idade, e não por *status*. O caso da Armani Exchange ilustra os perigos que existem no desejo de estender vertical e demasiadamente uma marca; com efeito, se a utilização da marca Armani para a introdução no mercado da submarca Armani Exchange pôde atrair rapidamente os consumidores, a entrada de Armani no ponto médio das marcas de preços baixos teve efeitos devastadores sobre a marca principal, levando o grupo Armani a utilizar a denominação "AX" para reposicionar a Armani Exchange, e a referência à Armani tornou-se então secundária. As extensões de marca têm efeitos imprevisíveis e, levando em conta a importância da imagem da marca na moda e no luxo, convém manipular esse tipo de ferramentas de *marketing* com prudência.

A construção das marcas também é feita por meio das formas de distribuição dos vestuários; a indústria da moda constitui com frequência um laboratório das transformações que se operam no universo da distribuição em geral (Abernathy *et al.*, 2000). Três tipos de distribuidores podem ser distinguidos (Stone, 2004). Em primeiro lugar, há os "grandes magazines", que oferecem toda uma gama de produtos nos domínios do vestuário e da mobília, bem como utensílios variados. Historicamente, o primeiro grande magazine, *Au Bon Marché*, foi aberto em Paris na metade do século XIX por Aristide Boucicaut (1810-1977). O nome tornou-se *Le Bon Marché* em 1987. Os grandes magazines quase sempre constituem atrações turísticas importantes nas cidades onde são implantados, como *Le Printemps* ou *Les Galeries Lafayette* no bulevar Haussmann, no bairro Opéra em Paris. O *Bergdorf Goodman* ou o *Saks Fifth Avenue*, ambos na 5ª Avenida em Nova York, ou o *Harrods*, na Brompton Road, e o *Selfridges*, na Oxford Street, em Londres. Os grandes magazines estão divididos em seções especializadas por produtos, e quase sempre, além do magazine principal, têm magazines filiados a eles (*flagship store*).

O segundo grupo de canais de distribuição agrupa os magazines ditos "especializados". Pode se tratar de butiques especializadas na venda de vestuário ou de objetos de múltiplos criadores e criadoras, como *L'Éclaireur* ou *Colette,* em Paris, ou de butiques filiadas a uma só marca, tais como as numerosas butiques de criadores situadas na rua do Faubourg Saint-Honoré, em Paris. Neste último caso, as butiques são gerenciadas diretamente pelas casas de moda — são as butiques ditas *"en propre"* (butiques próprias, não franqueadas) —, ou seja, gerenciadas sob um acordo de licença

– nas quais as marcas recuperam, em troca de serviços variados, uma parte dos benefícios realizados pelo gerente da butique.

O terceiro grupo de distribuidores compõe-se de magazines ditos de preço baixo (*discount*) ou "de massa". Esse grupo, que inclui também os supermercados, caracteriza-se pelo fato de que os produtos são vendidos a preços inferiores aos de distribuição "sugeridos".

As fronteiras entre esses três tipos de distribuidores são por vezes imprecisas; assim, sucedem-se os aluguéis de instalações dos grandes magazines para empresas de fora ou ocorre com frequência a diversificação das ofertas dos magazines especializados. Da mesma forma, os magazines de massa ou de preço baixo adotam quase sempre uma organização em seções muito similar à dos grandes magazines. Finalmente, os grandes magazines, por meio do sistema de remuneração, podem por vezes propor preços mais baixos, compatíveis com os de seus concorrentes.

Existem outros canais de distribuição, além das instalações "físicas" descritas até aqui. Historicamente, os camelôs ou vendedores ambulantes constituíram na Europa e nos Estados Unidos uma fonte muito importante de difusão dos estilos e das modas. Se hoje eles perderam muito da sua importância nos países industrializados, ainda desempenham um papel importante em certos países em via de industrialização. A evolução dos meios de transporte e da mídia levou ao desenvolvimento de diferentes canais de venda a distância.

Em primeiro lugar, a venda por correspondência "tradicional", por vale postal, tornou-se uma atividade econômica importante desde a criação de Montgomery Ward nos Estados Unidos, em 1872.

Em segundo lugar, o aparecimento da televisão a cabo, que tem nos Estados Unidos poderosas redes, permitiu o desenvolvimento de televendas, como a Home Shopping Network (HSN) (lançada em 1982) e a QVC (lançada em 1986), que são generalistas, ou ainda a Liquidation Channel (lançada em 2008), especializada na venda de joias ou acessórios.

Finalmente, o efeito da internet sobre a distribuição de vestuário e de produtos relacionados é importante, mas não é tão acentuado como em outras indústrias. Assim, mesmo se em 2006, nos Estados Unidos, as vendas *on-line* de vestuários ultrapassaram em valor as vendas *on-line* de computadores, somente 8% dos vestuários foram vendidos na internet, contra 41% dos computadores (Mui, 2007). Da mesma forma, enquanto a troca de arquivos na internet levou a uma profunda reorganização das indústrias da música e do cinema em torno de conteúdos digitais, não acontece o mesmo no caso da vestimenta. Podemos recordar aqui o fracasso de numerosos "jovens rebentos" que tentaram a aventura da distribuição de vestuários pela internet, como o *site* boo.com, fundado no Reino Unido, em 1999, pelos suecos Ernst Malmsten e Kajsa Leander. As razões desse fracasso e de muitos outros servem de debate, mas um ponto importante é que a relação com o vestuário é muito íntima. A elaboração de uma "identidade indumentária" realiza-se por ocasião de uma interação direta entre o cliente (ou a cliente) e os vendedores e as vendedoras, como explica o sociólogo Henri Peretz (1992). A interação entre vendedores e clientes duplica-se com a interação entre um local e sua clientela.

Os autores propõem caracterizar as mudanças que afetam a distribuição na moda (e além dela) de *lean retailing*, que se poderia traduzir em francês por "distribuição simplificada", "distribuição mais justa" ou ainda uma "distribuição otimizada".

A distribuição simplificada que apareceu no início dos anos 1980 e continua até hoje, caracteriza-se por certo número de inovações técnicas (por exemplo, os códigos de barra que permitem uma gestão de estoques mais justa) e organizacionais (por exemplo, uma redefinição dos modos de produção que permitem uma resposta mais rápida às evoluções da demanda).

Formação dos consumidores?

Os consumidores não têm acesso direto aos *designs* dos criadores mais influentes. As apresentações das coleções ao público são bastante recentes, e a costureira Jeanne Paquin é quase sempre reconhecida por ter aberto os desfiles para o público, porque antes dela eles eram reservados para a clientela.

Esse público que assiste diretamente aos desfiles de moda é muito selecionado. Trata-se geralmente de profissionais da moda, em particular os compradores (*buyers*) dos grandes canais de distribuição de vestuários e os jornalistas de moda. Também é preciso assinalar o papel importante desempenhado pelas personalidades da mídia e das artes nos desfiles de moda: sua presença nas primeiras filas é uma afirmação do *status* e do prestígio dos criadores e das criadoras.

O grande público tem acesso às coleções de maneira indireta por meio da mídia, historicamente primeiro pelos jornais e revistas, depois pela televisão, e hoje em dia pela internet. A mídia constitui uma verdadeira interface, ou um filtro entre os criadores de moda e os consumidores finais que compram as roupas. Como explica o antropólogo britânico Brian Moeran (2006), as revistas de moda e a mídia associada a elas são os "apóstolos que trazem a boa palavra da moda" (2006, p. 738). Não somente eles informam ao público mais amplo possível as últimas inovações dos criadores, mas também legitimam a moda "educando" o público e explicando-lhe por que ela é importante. O seu papel, portanto, é duplo: uma difusão da informação que permite aos produtores conectarem-se com os consumidores e uma modelagem cultural da moda que permite que ela seja percebida como uma atividade legítima. Os *blogs* e os *sites* na internet especializados na observação e na difusão das tendências estilísticas, como *The Sartorialist* (http://thesartorialist.blogspot.com, página consultada em 30 de setembro de 2009), criada em 2005 pelo americano Scott Schuman, que permite aos consumidores do mundo inteiro dispor de uma visão completa das modas indumentárias do momento.

A MODA SEGUNDO A VOGUE

A *Vogue* é uma das revistas de moda mais influentes do mundo. Criada em 1892, nos Estados Unidos, por Arthur B. Turnure, a *Vogue* foi resgatada em 1909 por Condé W. Nast. Hoje em dia há várias edições internacionais da *Vogue*, como a edição britânica (fundada em 1916), a edição francesa (1921), a edição italiana (1965), a edição chinesa (2005) ou ainda a edição hindu (2007), entre muitas outras (Alemanha, Argentina, Austrália, Brasil, Coreia, Espanha, Grécia, Japão, México, Portugal, Rússia, Taiwan, bem como uma edição "latino-americana"). Existem também versões desenvolvidas para públicos especializados, por exemplo, *Teen Vogue* (2001), para adolescentes, ou *Men's Vogue* (2005), de moda masculina. A estrutura editorial da revista *Vogue* é complexa, mas cada edição nacional tem a sua redatora chefe; por exemplo, Anna Wintour, desde 1988, para a edição americana ou Carine Roitfeld, desde 2001, para a edição francesa. A edição americana da *Vogue* é a mais lida, com uma circulação de 1,2 milhão de leitores, enquanto a edição francesa representa uma circulação de 113.000 leitores.

O olhar sobre o mundo focado pela *Vogue* constitui uma fonte empírica preciosa porque ela é, simultaneamente, o reflexo e uma influência importante sobre o seu tempo. Os trechos que se seguem são extraídos da edição francesa da *Vogue* e oferecem uma perspectiva sobre a história da moda na França desde o final da Segunda Guerra Mundial. Em primeiro lugar, a indústria da moda parisiense, assim como o restante do país, sai debilitada da guerra; a moda inglesa, menos atingida que a moda francesa, sai, entretanto, enfraquecida da guerra devido a numerosas restrições em relação aos tecidos. Esse recesso da França e do Reino Unido permitiu que a moda americana progredisse. Assim, a primeira *Vogue* do pós-guerra apareceu com outro tom – o de uma moda mais "anglo-saxônica", que se prepara para reintegrar Paris às suas fileiras: "Mas se a *Vogue francesa* não mostrou, durante esses quatro longos anos, a imagem da vida de Paris, a *Vogue* americana e a *Vogue* inglesa puderam, cada uma em seu país, manter o primeiro lugar entre as revistas femininas. Desde outubro de 1944, nossas publicações irmãs consagravam novamente numerosas páginas à França reencontrada" (*Vogue*, edição francesa, jornal *Liberation* 1945, p. 37).

O *New Look* de Christian Dior, em 1947, assinala o retorno fulgurante, e um pouco inesperado, da alta-costura francesa para o primeiro plano. Desde o início dos anos 1950, Paris reencontra um lugar preponderante e atrai profissionais do mundo inteiro:

"A palavra 'coleção' é um ímã que, duas vezes por ano, reúne em Paris 445 jornalistas e correspondentes da França e do estrangeiro. Podemos reduzir a números essa palavra mágica e ver aquilo que, sob sua aparência de frivolidade, ela esconde de realidade.

As coleções deslocam 2.000 compradores de 35 nações diferentes: assembleia internacional que seria suficiente preencher os arcos da abóbada da vasta nave do Opéra.

As coleções determinam a criação de 10 mil modelos, número suficiente para povoar uma cidade da importância de Monte-Carlo.

As coleções são obra de sessenta casas de costura: alinhadas, elas cobririam duas vezes e meia o comprimento da rue de la Paix.

As coleções, para serem apresentadas com arte, necessitam por parte das casas de costura a busca de 300 beldades exemplares para preencher a função de modelo. Seria preciso obter o mesmo número de moças atraentes quanto de homens necessários para constituir três companhias de paraquedistas.

As coleções empregam 6.500 assalariados, pequenas costureiras e jovens ajudantes: seriam necessárias cinco "cidades radiosas", do tipo das construídas por Le Corbusier (são cinco unidades compostas de 360 apartamentos *duplex* separadas por ruas), para alojar a todos.

As coleções fazem com que 200 mil metros de tecido sejam encaminhados para os ateliês de costura, quantidade que seria necessária para cobrir a estrada de Paris a Deauville.

As coleções de uma estação representam finalmente um investimento global de 1,5 bilhão para o conjunto das casas de costura de Paris, o mesmo capital que seria preciso, na França, para realizar a perfuração de um poço de petróleo.

Essa cifra parece bastante convincente para situar, sem o apoio de outras comparações, a importância do acontecimento costura na vida francesa" (*Vogue*, edição francesa, março de 1955, p. 111).

Os anos 1960 são os anos da emergência do *prêt-à-porter* como uma atividade econômica importante que substitui pouco a pouco a alta-costura. A aceitação do *prêt-à-porter* na França não foi fácil, devido à má reputação de sua predecessora, a confecção, e da origem americana do termo (*ready-to-wear*). A revista *Vogue* desempenhou um papel central na promoção do *prêt-à-porter*: "Não é feito sob medida (alguns retoques eventualmente). São modelos de *prêt-à-porter*, mas escolhidos a dedo. Escolha um deles, e certamente lhe perguntarão onde você o encontrou, em qual loja. É um critério que não engana. Os modelos evocam o estilo Chanel, o estilo Givenchy, o estilo Saint Laurent, entre outros. Isso significa que eles são apenas o reflexo da alta-costura? Nada disso. Mas eles sabem harmonizar-se, quase sempre organizar de maneira racional os feitios, os detalhes-chave que fazem a moda e que, dentro de um mês você encontrará na rua" (*Vogue*, edição francesa, fevereiro de 1963, p. 47).

O processo de adoção do *prêt-à-porter*, entretanto, não foi imediato e só teve sucesso nos anos 1970. A França em particular experimentou muita dificuldade para fazer a transição, ao passo que o Reino Unido e a Itália adotaram essa "nova economia" da moda, democratizada e massificada: "Os franceses são pessoas exasperadoras. Clamaram por toda parte que Paris havia acabado, que a moda era criada em outro lugar... Bum! Uma revolução foi feita, e a moda retomou o seu hábito de nascer em Paris. O *prêt-à-porter*, chegado à idade adulta, à idade triunfal, acaba de provar seu impacto internacional [...]. Esse *prêt-à-porter*, nascido havia mais de vinte anos, não brilha mais somente na moda júnior, ele atingiu sua maioridade. Eis que ele conquista, com virtuosidade, o mercado mais vasto, o mais difícil – o da mulher" (*Vogue*, edição francesa, agosto de 1973, p. 69).

O início dos anos 1980 consagra o retorno de Paris para o primeiro plano após a difícil transição da alta-costura para o *prêt-à-porter*. No entanto, a indústria da moda parisiense, longe de ignorar o seu passado, restabelece filiações de prestígio com suas origens: "Nosso patrimônio não é composto unicamente de velhas pedras, e se esse espetáculo se abre sobre os esplendores de Versalhes, é que a alta-costura ali se sente em casa [...]. Cada costureiro trabalhou de uma maneira evidente para os seus clientes. Disso resulta um guarda-roupa de sonho personalizado, humano, fácil de usar, com um leque de escolhas comparável ao de Maria Antonieta, que, a cada manhã, escolhia nos seus álbuns de amostras, entre duas ou três mil possibilidades, seus vestidos para o dia. As rainhas de hoje têm *Vogue*..." (*Vogue*, edição francesa, março de 1980, p. 283).

O sistema atual da moda francesa, com sua mistura de alta-costura e *prêt-à-porter* e seus desfiles com o Louvre como epicentro, data do início dos anos 1980. Uma combinação de mais alto nível estabeleceu-se entre os poderes públicos (Ministério da Cultura e da

Economia), os grandes grupos da moda e as diversas associações profissionais a fim de defender a posição de Paris na indústria da moda. Movimentos similares são observados em outras cidades, nas capitais "tradicionais", mas também nos novos polos emergentes.

CAPÍTULO 6
Imperialização: a moda sistematizada

A moda é, portanto, um fato social total que navega entre imitação e diferenciação, entre indivíduo e sociedade. É um conjunto de instituições que produzem vestuários portadores de significado que os indivíduos utilizam para suas "reparações" identitárias. A "forma moda" (Lipovetsky, 1987), portanto, é feita de mudança permanente e de diversidade semiótica. Ela apresenta constantemente alguma novidade e tolera a diversidade, acomodando-se particularmente bem nas democracias liberais modernas e na economia de mercado, mesmo que não necessite nem de uma nem de outra para existir.

No decorrer do século XX, o lugar da moda mudou radicalmente. De atividade moralmente condenada ela se tornou um modelo a seguir por numerosas indústrias, como a indústria automobilística, que atualmente varia tanto quanto possível as cores e as formas. Ela é também uma referência inevitável para todas as formas de cultura. Para a televisão com as séries como *Sex and the City* ou *Ugly Betty*, para o cinema com filmes como *Zoolander* (Ben Stiller, 2001) ou Brüno (Larry Charles, 2009) e na literatura com os livros como *Glamorama* (Bret Easton Ellis, 1998) ou *Le Diable s'habille en Prada* (Lauren Weisberger, 2003). Podemos assim falar da "imperialização" da moda, esse processo que se caracteriza por um movimento ao mesmo tempo organizacional, com a emergência de conglomerados no cenário do luxo e da moda, e societário, com a extensão das dinâmicas próprias da moda em outras esferas de atividade.

Os impérios da moda

O termo "império" é regularmente utilizado no mundo dos negócios. Ele é aplicado a grandes grupos industriais cujas atividades se estendem a diferentes indústrias e zonas geográficas. Nesse caso, os impérios industriais, como os impérios políticos, caracterizam-se por uma grande diversidade e são de grande envergadura (Barkey, 2008). No caso da moda, a metáfora do "império" é quase sempre utilizada para designar mais particularmente duas empresas, PPR (antigamente Pinault-Printemps-Redoute) e LVMH (Moët Hennessy-Louis Vuitton).

A tabela 6 (pp. 133-134) apresenta uma lista das principais empresas das indústrias da moda e do luxo, classificadas por cifra de negócios decrescente. Impõe-se certo número de precauções antes de analisar essa lista. Em primeiro lugar, uma das especificidades do setor do luxo e da moda é que numerosas empresas muito importantes não são cotadas em bolsa; é, por exemplo, o caso de Chanel, Prada ou ainda Versace. Isso tem como consequência o fato de que há pouca informação financeira disponível sobre essas empresas, o que torna difícil o estabelecimento de classificações. Em segundo lugar, no caso dos grupos multimarcas como PPR ou LVMH, a informação financeira está disponível em nível de grupo e não de marcas, o que torna difícil a comparação entre as marcas, de um ponto de vista exterior às empresas.

Uma das primeiras conclusões dessa visão de conjunto é que cinco tipos de protagonistas destacam-se no setor. Em primeiro lugar, encontramos os impérios com multimarcas PPR e LVMH. A estratégia dos grupos com multimarcas, entretanto, não é apanágio das duas firmas francesas, e certos grupos mais modestos, como a americana Phillips-Van Heusen Corporation (detentora da Calvin Klein), também adotaram essa estratégia. Em seguida, há as grandes cadeias de magazines de vestuários, como o grupo espanhol Industria de Diseño Textil, S. A. (do qual Zara é uma filial) ou o Suédois H&M (cujo nome completo é H&M Hennes & Mauritz AB).

Tabela 6 | Visão de conjunto das vinte e cinco maiores empresas da indústria da moda e do luxo em 2009

Empresa	País	Cifra de negócios (US$, milhões)	Lucro líquido (US$, milhões)	Empregados
PPR AS	França	29.086,10	1.532,80	93.000
Christian Dior SA/ LVMH	França	25.382,90	3.426,60	74.834
Macy's, Inc.	Estados Unidos	24.892,00	- 4.803,00	167.000
The Gap Inc.	Estados Unidos	14.526,00	967,00	134.000
Industria de Diseño Textil, SA	Espanha	13.947,30	1.859,40	–
H&M Hennes & Mauritz AB	Suécia	10.889,40	1.881,20	–
Limited Brands, Inc.	Estados Unidos	9.043,00	220,00	90.900
V.F. Corporation	Estados Unidos	7.642,60	602,70	46.600
Luxottica Group S.p.A.	Itália	7.309,50	724,50	64.000
The Swatch Group Ltd.	Suíça	5.375,00	793,40	23.000

(cont.)

Empresa	País	Cifra de negócios (US$, milhões)	Lucro líquido (US$, milhões)	Empregados
Compagnie financière Richemont S. A.	Suíça	5.201,90	1 323,40	–
Polo Ralph Lauren Corporation	Estados Unidos	4.880,10	419,80	15.000
NEXT Retail Ltd	Reino Unido	4.813,70	445,00	–
Levi Strauss & Co.	Estados Unidos	4.266,10	460,40	11.550
Liz Claiborne, Inc.	Estados Unidos	3.984,90	951,80	15.000
Arcadia Group	Reino Unido	3.742,70	–	24.000
Jones Apparel Group, Inc.	Estados Unidos	3.616,40	765,40	7.925
Abercrombie & Fitch Co.	Estados Unidos	3.540,30	272,30	83.000
Citizen Holdings Co., Ltd.	Japão	3.390,80	122,80	22.127
Coach, Inc.	Estados Unidos	3.180,80	783,10	12.000
Benetton Group S.p.A.	Itália	3.069,30	221,40	8.896
Esprit Holdings Limited	Hong Kong	3.005,00	–	–
American Eagle Outfitters, Inc.	Estados Unidos	2.988,90	179,10	37.500
Tiffany & Co.	Estados Unidos	2.860,00	220,00	9.000
Phillips-Van Heusen Corporation	Estados Unidos	2.491,90	91,80	11.100

Ano de referência: último ano disponível em Hoovers. Fonte: Hoovers.

Existem também os relojoeiros, como o grupo suíço Swatch, que ocupam um lugar significativo. Os grupos de vestuários de uma única marca são raros, mas eles existem, como o norte-americano Abercrombie & Fitch CO. Finalmente torna-se necessário assinalar os grupos especializados na distribuição de multimarcas, como o americano Macy's.

A moda e o luxo são indústrias particularmente pouco concentradas, quer dizer, há um grande número de concorrentes autônomos, apesar da presença de conglomerados e de associações profissionais. De um ponto de vista organizacional, essa falta de concentração, entretanto, não impediu a emergência de modelos nacionais, como explicam a socióloga francesa Marie-Laure Djelic e o sociólogo finlandês Antti Ainamo (1999). Na França, o modelo dominante é o das *holdings*, organizações "guarda-chuvas" (reúnem as cooperativas de várias instituições, estabelecem relação com as outras, compartilham informações e promovem a cooperação educacional), multimarcas que, tais como a PPR ou a LVMH, desenvolvem suas atividades em várias indústrias conexas, como as do luxo, do vestuário, da distribuição ou dos cosméticos. O modelo italiano é o de "redes flexíveis engrenadas" que se compõem de múltiplas pequenas empresas organizadas em "distritos industriais". Esse conceito inventado pelo economista inglês Alfred Marshall (1890) significa uma zona geográfica em que se desenvolve uma dada atividade econômica. Finalmente, o modelo americano "virtual" é de empresas globalizadas que deslocaram sua produção e mantiveram os centros de decisão em seu país de origem.

Esses três modelos de empresa apresentam a vantagem de proporcionar três "tipos ideais" que correspondem à estrutura organizacional da moda hoje em dia, mesmo quando as fronteiras nacionais não estão muito nítidas. Com efeito, algumas empresas americanas "virtuais", como Donna Karan, estão integradas a *holdings* francesas, e existem "distritos" fora da Itália, por exemplo, em Cholet e Roanne, na França, ou mesmo em Nova York, no Garment District.

De fato, a forma de *holding* ou de conglomerado, os dois conceitos são com frequência intercambiáveis, é dominante atualmente. A coordenação do mercado é exercida não somente por meio de intercâmbios informais entre os protagonistas, as associações profissionais e os grandes salões, mas também por meio da gestão financeira dos impérios.

RETRATOS CRUZADOS DA LVMH E DA PPR

Os dois maiores conglomerados da indústria do luxo e da moda são os franceses PPR e LVMH. Cada grupo caracteriza-se por uma história e uma estratégia que lhe são específicas. De um ponto de vista histórico, as origens das duas empresas são muito diferentes.

A ancestral da PPR, Pinault AS, foi fundada em 1963 por François Pinault. Em sua origem ela é uma empresa especializada na produção e comercialização de madeira. Em 1994, o grupo torna-se Pinault-Printemps-Redoute, um protagonista importante da distribuição, com a compra, dois anos antes, do grande magazine Printemps e da empresa de venda por correspondência La Redoute. Em 1999, o grupo entra no setor da moda e do luxo com a compra da Gucci, que agrupa atualmente todas as suas atividades de moda e luxo. Em 2005, o grupo torna-se PPR.

A LVMH tem uma história diferente, e suas raízes encontram-se em algumas marcas mais antigas do luxo e da moda franceses. LVMH, ou Moët Hennessy Louis Vuitton, agrupa, com efeito, marcas tão antigas como Moët et Chandom (o champanhe) ou Hennessy (o conhaque), fundadas no século XVIII, e Louis Vuitton, fundada em 1854. O grupo nasceu em 1987. Seu principal acionista é Bernard Arnault, que detém a maioria por meio de uma estrutura financeira complexa que inclui o "Groupe Arnault" e a Christian Dior.

Em termos de estratégia, as diferenças são numerosas, apesar de haver alguns pontos comuns. Assim, de um ponto de vista "criativo", enquanto a LVMH favorece uma estratégia de contratação de criadores de prestígio que são muito difundidos pelos meios de comunicação (Karl Lagerfeld para a Fendi, Marc Jacobs para a Louis Vuitton), a PPR privilegia os criadores reconhecidos como competentes, mas menos festejados pela mídia (Hass, 2007).

É difícil encontrar o equivalente direto dos impérios em outras esferas de influência da moda, como os nomes de batismo. No entanto, o que os impérios da moda representam é uma forma de "sistematização" de um processo já existente, de uma coordenação centralizada que vai além das modas de coordenação tradicionais. Nesse caso, podemos avançar a hipótese de que a emergência de *sites* na internet (na França, www.prenoms.com, página consultada em 25 de setembro de 2009; nos Estados Unidos, www.baby-names.com, página consultada em 25 de setembro de 2009) que efetuam o recenseamento dos nomes e permitem aos pais orientar suas escolhas são uma forma de imperialização de um fenômeno de moda. A imperialização assume formas diferentes, à semelhança dos outros princípios, de acordo com o fato de nos interessarmos por modas que se desenvolvem em contexto industrial ou não industrial.

O império da moda

O conceito de império pode ser utilizado numa acepção mais ampla que a dimensão organizacional descrita até o presente. Desse ponto de vista, o império da moda pode referir-se, então, à adoção de representações e práticas próprias da moda, além da sua esfera tradicional. A ideia de que a moda está intimamente ligada aos desenvolvimentos recentes das sociedades modernas é bastante difundida, mas ela assumiu diferentes formas segundo os autores. Assim, para o sociólogo americano Harvey Molotch, o *design*, definido como "a utilização intencional de recursos culturais e materiais para a criação de objetos que valem a pena" (2003, p. 23) encontra-se no centro da economia contemporânea, e como a moda está centrada no *design*, ela oferece um exemplo típico do impacto que o *design* pode ter sobre a economia. Será que estamos entrando numa "idade da moda"? Alguns autores parecem acreditar nisso, como Giles Lipovetsky, que escreve: "Esta é a idade da *moda concluída* (ou completa), da extensão de seu processo para instâncias da vida coletiva cada vez mais amplas. Ela deixa de ser um setor específico e periférico e passa a ser uma *forma* geral que opera no todo social" (1987, p. 183). Com efeito, muitas das esferas da vida social, política ou econômica estão submetidas a mudanças cíclicas e a uma renovação permanente. Da mesma forma, o *design* torna-se central na concorrência entre empresas nos mercados (Postrel, 2004).

A expansão da esfera da moda está associada a profundas mudanças na estratificação social das sociedades industrializadas. Uma corrente sociológica por vezes chamada de "pós-moderna" considera que a massificação do consumo e das práticas culturais abriu um espaço não hierarquizado que completa e, por vezes, invalida as dimensões econômicas e estatutárias da estratificação social (Featherstone, 1987). A perspectiva pós-moderna é muito fragmentada e dividida, sendo, portanto, difícil reduzi-la a um conjunto de ideias coerentes, mas seu núcleo teórico constituiu-se contra os conceitos sociológicos tradicionais de classe ou de grupo de *status*. Para os pós-modernos, a concepção hierárquica da sociedade que encontramos em Weber (1922) ou Bourdieu (1979) deve ser substituída ou completada por uma concepção não hierárquica.

A moda, portanto, tornou-se um fenômeno importante, que é encontrado em numerosos domínios da vida social. Seu poder como formação social encontra-se não somente na sua capacidade de refletir as evoluções socioeconômicas do momento, mas também de provocá-las. Por exemplo, o historiador francês Michel Pastoureau (2007) destaca que, numa compilação de entrevistas com Dominique Simonnet, cada cor tem uma história e um significado, dependendo do seu contexto cultural. Ele explica, por conseguinte, que é pouco provável ver o violeta triunfar na moda por causa de seus significados mórbidos no Ocidente. No entanto, como explica Erner (2006), o violeta ficou em moda, o que faz reavaliar os gostos instalados de longa data na cultura ocidental.

Antes de desenvolver mais adiante a ideia de um império da moda, convém assinalar um paradoxo aparente. Com efeito, se analisarmos a evolução do lugar que o vestuário propriamente dito ocupa em relação a outros setores da economia, revela-se claramente que o vestuário, se bem que continue sendo um setor significativo, perdeu em importância relativa. Nicolas Herpin e Daniel Verger (2000) estimam que no caso da França, que pode ser extrapolado, em suas grandes linhas, para os Estados Unidos e o resto da Europa do oeste, o declínio relativo do vestuário resulta de uma baixa relativa dos custos e de uma substituição de algumas de suas "funções", como o controle da aparência, por exemplo, pelos cosméticos. De fato, fica a impressão de que, ao emancipar-se de seu berço, o vestuário, a moda pôde conquistar partes da vida social e econômica cada vez mais amplas.

O capítulo "Afirmação: a moda entre o indivíduo e a sociedade" mostrou como a moda nasceu do vestuário, de uma necessidade simultânea de diferenciação e imitação que ocupa um lugar central nos mecanismos sociais de construção identitária. A moda é, então, um movimento de mudança regular não cumulativa. Pelo fato de ser uma mudança regular, a moda opõe-se às tradições; e por não ser cumulativa ela se opõe à ciência e até mesmo às artes. Ela é, portanto, um objeto social regular cujas diferentes formas é preciso distinguir, segundo o fato de ela ser ou não institucionalizada e ligada ou não a uma indústria.

Os "entusiasmos", imprevisíveis, são seu aspecto mais familiar. No entanto, a maior parte das modas desenvolve-se em um substrato social que as controla e lhes permite manifestar-se. Alguns mecanismos não institucionais, que estão relacionados com a ancoragem social dos indivíduos e dos grupos, conduzem a uma evolução regular não cumulativa, mas que não é completamente aleatória, como no caso dos nomes de batismo de Lieberson e Bell ou do comprimento dos vestidos de noite de Kroeber. Poderíamos então defender o argumento de que se trata da moda "real", aquela que opera emancipada das instituições e estruturas sociais. Isso seria esquecer que, num contexto industrial como o nosso, continua amplamente a ser, nesta primeira metade do século XXI, a mudança regular não cumulativa que é e faz a moda ser produzida quando ela se personifica nos objetos. Dessa forma, um vestuário, estilo musical, gênero literário, modelo de automóvel ou ainda um tipo particular de torradeira elétrica, todos devem ser produzidos em fábricas por organizações compostas de indivíduos de origem socioeconômica e interesses diferentes, por vezes divergentes.

Por conseguinte, pode ser útil distinguir entre moda industrial e moda pós-industrial. A primeira é personificada nos objetos, a segunda, não. As duas estão emancipadas das tradições. O vestuário submetido aos movimentos da moda emancipou-se dos aspectos tradicionais, mas ele continua a ser produzido por indivíduos e organizações.

A MODA ALÉM DA MODA

A "forma moda", para retomar a expressão de Lipovetsky, encontra-se hoje em dia em muitas esferas da vida social. Numerosos exemplos podem ser utilizados para explicar essa ideia de uma extensão do império da moda.

Em primeiro lugar, em vários domínios da vida social, a mudança permanente e não cumulativa tornou-se a regra. Por exemplo, no domínio das ciências de gestão e administração, as ideias vão e vêm (Abrahamson & Fairchild, 1999) Elas seguem trajetórias semelhantes àquelas que podemos encontrar no caso da pilosidade facial dos homens ou na escolha de nome de bebês. A própria ideia de progresso no saber é combatida. Poderíamos também considerar o mundo da cultura em geral como se ele estivesse sobressaindo no campo da moda, como mudança, com o retorno cíclico de gêneros específicos (o *western* ou a ficção cientifica no caso do cinema) para o primeiro plano e a interrupção da emergência de novas formas, mesmo se essa hipótese necessitasse de um estudo empírico para ser ou não validada.

Além disso, várias indústrias, caracterizadas por uma estetização crescente, retomaram alguns traços da indústria do vestuário. Por conseguinte, na indústria automobilística, as montadoras francesas Renault e Citroën utilizam em suas estratégias de comunicação o capital simbólico acumulado pela França no domínio da moda e da criação: a Renault apresenta-se como um "criador de automóveis" e a Citroën vangloria-se de sua "tecnologia criativa". Do mesmo modo, o fato de que a marca francesa de cosméticos, a L'Oréal, assinala sistematicamente sua origem geográfica (Paris) a faz participar da mesma utilização da moda no tocante à indústria como referência.

O universo do luxo também foi conscientemente adotado por numerosas marcas no domínio da indústria alimentícia, conhecida por suas margens muito estreitas e competição exacerbada. Por exemplo, a marca de café Nespresso organizou seus locais de distribuição inspirando-se no universo da joalheria: localizações exclusivas, vendedores e vendedoras elegantes e distintos, universo visual luxuoso e sóbrio. Num registro próximo, o dono de restaurante Dalloyau utiliza a referência às coleções "primavera/verão" e "outono/inverno" para apresentar suas criações culinárias.

Os nomes de batismo submetidos aos movimentos de moda também se emanciparam das práticas tradicionais, mas não são produzidos em fábricas. A imperialização da moda não significa unicamente, como em Lipovetsky, uma extensão sem fim da esfera da moda. A imperialização é em primeiro lugar um tipo de organização que assiste ao triunfo dos conglomerados nas indústrias culturais. Ela é também um fenômeno de sistematização que vê a emergência de uma forma extrema de mudança regular não cumulativa, um aprofundamento da lógica intrínseca da moda, como na criação de novos nomes de batismo, a fim de gerar uma distinção ainda mais pronunciada em lugar de escolher nomes simplesmente "originais" mas já existentes.

Conclusão

A presente obra constitui uma investigação da pesquisa em "modalogia" e um retrato da moda de hoje em toda a sua riqueza de "fato social total". Como o seu objeto, esse retrato é multiforme. Ele obtém informações em fontes de numerosas disciplinas universitárias: na sociologia e na economia, principalmente, mas também na geografia e na história. Uma integração completa de todas essas abordagens ainda precisa ser feita, mas a pesquisa sobre a moda é florescente, e princípios comuns surgem por meio das diferentes disciplinas que se interessam por esse assunto. Seis princípios foram identificados nesta obra.

Esses seis princípios constituem um ideal weberiano da moda, isto é, uma representação estilizada da moda. Mesmo que possa acontecer de eles se combinarem ou se contradizerem, a verdade é que cada um caracteriza-se por uma lógica que lhe é própria.

Historicamente, a moda começa com a instrumentalização do luxo pela burguesia para afirmar a ascensão de seu poder face à aristocracia. Esse é o ponto de partida do princípio de afirmação, uma mistura sutil de imitação e diferenciação que vai além do vestuário. Empregar certas palavras, conduzir certos automóveis, exibir certo tipo de pilosidade facial são muitos dos sinais identitários que estão mais ou menos submetidos aos movimentos da moda. A moda tal como ela existe hoje é, portanto, filha do luxo e do capitalismo, mas ela chegou a abranger esferas sociais além de sua origem. A afirmação encontra-se em todos os tipos de moda, industriais ou não, e constitui verdadeiramente sua base histórica e analítica.

No coração da moda encontra-se também o princípio da convergência. Essa convergência aparece com a emergência de tendências que podem manifestar-se pelos fenômenos de influência, no caso da moda não industrial, ou de centralização, na moda de tipo industrial, como a indústria do vestuário.

Outro princípio é o da autonomia, que faz com que os fenômenos da moda manifestem-se em esferas sociais particulares. Na indústria do vestuário, a criação e a difusão dos estilos e do *design* não está integralmente submetida às aspirações de certos grupos sociais, os de consumidores ou de produtores. Os estilos e os *designs* têm uma lógica que lhes é própria, eles se referem, em grande parte, a si mesmos.

O princípio da personalização, que coloca a pessoa ou o indivíduo em primeiro plano, não significa que as pessoas ou os indivíduos sejam "realmente" autônomos em suas escolhas. Esse princípio significa especialmente a existência de uma crença partilhada pelos diferentes protagonistas sociais na autonomia das pessoas ou dos indivíduos; por conseguinte, o "gênio criativo" é sempre colocado em evidência, esquecendo a realidade organizacional da moda.

O princípio da simbolização não traduz somente a dimensão cultural de todo fenômeno de moda, mas também a separação que existe entre os objetos concretos e os símbolos que eles personificam. No seio da moda autônoma, a simbolização constitui um nível de autonomia superior.

Finalmente, o princípio da imperialização assinala quer uma organização específica das indústrias criativas quer uma sistematização dos fenômenos da moda fora dos contextos industriais. Essa imperialização não traduz uma perda de autonomia da indústria indumentária porque ela se situa num nível organizacional que não tem propensão para influenciar estilos e *designs*.

Em que medida a moda pode mudar?

O desaparecimento do princípio de afirmação e, portanto, da própria moda, é possível no caso de mudanças políticas ou econômicas importantes, especialmente no caso de um retorno da regulamentação de tipo suntuário.

Da mesma forma, o princípio da convergência poderia ser questionado se a "moda rápida" continuasse a desenvolver-se no rastro de uma modernização das técnicas de produção e de distribuição que tornariam possível a concepção pós-moderna de uma ruptura da moda em diferentes modas (Ewen & Ewen, 1992).

A autonomia da moda também poderia ser posta em visibilidade, por exemplo, no caso de uma mudança maciça nos gostos dos consumidores, os quais subordinariam a moda a considerações que lhes são exteriores, ambientais, entre outras; o movimento chamado de "moda lenta" (*slow fashion*), que visa retardar ou mesmo anular os ciclos da moda propondo vestuários "duráveis", já se inscreve nessa tendência (Wood, 2008).

Podemos também imaginar que a existência de poderosos impérios da moda, que dão aos aspectos financeiros e econômicos um lugar preponderante, enfraquece o princípio de personalização e o desaparecimento da figura do "criador *superstar*".

Por fim, os princípios de simbolização e imperialização poderiam também sucumbir a revoluções econômicas importantes; por exemplo, uma recusa das marcas por parte dos consumidores ou então uma reconsideração dos conglomerados como forma organizacional. Esses seis princípios podem guiar a ação de todos, indivíduos e empresas. Com efeito, eles mostram claramente que a moda e as modas não evoluem num "vazio" social. Certamente, o mundo é um caos instável e inquietante, mas a atividade humana cria estruturas sociais relativamente estáveis que controlam, em certa medida, o caos do ambiente, ao criar significados e sinais de referência para a ação (Aspers, 2010; Azarian, 2005; Corona & Godart, 2009; Grossetti & Godart, 2007; Milner, 1994; White, 2008). Nesse caso, essas estruturas não são unicamente uma imposição, elas também permitem a ação. Por conseguinte, compreender os princípios da moda pode levar todo mundo a se orientar melhor diante das mudanças que, com frequência, parecem aleatórias e incompreensíveis. A moda não é impenetrável; ela se presta naturalmente à análise científica.

Referências bibliográficas

AAKER, D. A. "Should You Take Your Brand to Where the Action Is?". Em *Harvard Business Review*, vol. 75, 1997.
_____ & KELLER, K. L. "Consumer Evaluations of Brand Extensions". Em *Journal of Marketing*, vol. 54, 1990.
AAKER, J. L. "Dimensions of Brand Personality". Em *Journal of Marketing Research*, vol. 34, 1997.
ABBOTT, A. D. *The System of Professions: an Essay on the Division of Expert Labor.* Chicago: University of Chicago Press, 1988.
ABERNATHY, F. H.; DUNLOP, J. T.; HAMMOND, J. H.; WEIL, D. "Retailing and Supply Chains in the Information Age". Em *Technology in Society*, vol. 22, 2000.
ABRAHAMSON, E. & FAIRCHILD, G. "Management Fashion: Lifecycles, Triggers, and Collective Learning". Em *Administrative Science Quarterly*, vol. 44, 1999.
ALLEN, K. "Fashionable and Profitable, the Site Making Millions from Style Leaders". Em *The Guardian*, 2007.
AMADIEU, J.-F. *Le poids des apparences: beauté, amour et gloire.* Paris: O. Jacob, 2002.
ASPERS, P. *Markets in Fashion: a Phenomenological Approach.* Estocolmo: City University Press, 2001.
_____. *Orderly Fashion: a Sociology of Markets.* Princeton: Princeton University Press, 2010.
AZARIAN G. R. *The General Sociology of Harrison White: Chaos and Order in Networks.* Nova York: Palgrave-Macmillan, 2005.
BAIR, J. & GEREFFI, G. "Local Clusters in Global Chains: the Causes and Consequences of Export Dynamism in Torreon's Blue Jeans Industry". Em *World Development*, vol. 29, 2001.
BARBER, B. & LOBEL, L. S. "Fashion" in Women's Clothes and the American Social System". Em *Social Forces*, vol. 31, 1952.

BARBERET, J. *Le travail en France: monographies professionnelles*. Paris: lmprimerie Berger-Levrault et Cie, 1889.

BARKEY, K. *Empire of Difference: the Ottomans in Comparative Perspective*. Cambridge: Cambridge University Press, 2008.

BARTHES, R. *Système de la mode*. Paris: Seuil, 1967.

BAUDRILLARD, J. *Pour une critique de l'économie politique du signe*. Paris: Gallimard, 1972.

BECKER, H. S. *Les mondes de l'art*. Paris, Flammarion, 1988. [1982]

BENBOW-PFALZGRAF, T. *Contemporary Fashion*. Farmington Hills: St. James Press, 2002.

BENVENUTO, S. "Fashion: Georg Simmel". Em *Journal of Artificial Societies and Social Simulation*, 2000, disponível em www.soc.surrey.ac.uk/JASSS/3/2/forum/2.html.

BERG, P.; APPELBAUM, E.; BAILEY, T.; KALLEBERG, A. L. "The Performance Effects of Modular Production in the Apparel Industry". Em *Industrial Relations*, vol. 35, 1996.

BESNARD, P. & DESPLAQUES, G. *Un prénom pour toujours: la cote des prénoms, hier, aujourd'hui et demain*. Paris: Balland, 1986.

BIELBY, W. T. & BIELBY, D. D. "'All Hits Are Flukes': Institutionalized Decision Making and the Rhetoric of Network Primetime Program Development". Em *American Journal of Sociology*, vol. 99, 1994.

BINEHAM, J. L. "A Historical Account of the Hypodermic Model in Mass Communication". Em *Communication Monographs*, vol. 55, 1988.

BLUMER, H. "Fashion: from Class Differentiation to Collective Selection". Em *Sociological Quarterly*, vol. 10, 1969.

BOTZ-BORNSTEIN, T. "Rule-Following in Dandyism: 'Style' as an Overcoming of 'Rule' and 'Structure'". Em *The Modern Language Review*, vol. 90, 1995.

BOURDIEU, P. *La distinction: critique sociale du jugement*. Paris: Minuit, 1979.

_____. *Les règles de l'art: genèse et structure du champ littéraire*. Paris: Seuil, 1992.

_____ & DELSAUT, Y. "Le couturier et sa griffe: contribution à une théorie de la magie". Em *Actes de la recherche en sciences sociales*, vol. 1, 1975.

BRAUDEL, F. *Civilisation matérielle, économie et capitalisme, XVe-XVIIIe siècle*. Paris: A. Colin, 1979.

BREWARD, C. *Fashion*. Oxford/Nova York: Oxford University Press, 2003.

BROSSARD, M. "Assis ou debout? Réflexions sur l'implantation de l'organisation modulaire de travail dans le vêtement". Em *Relations indus-trielles/Industrial Relations*, vol. 53, 1998.

BUSH, G. & LONDON, P. "On the Disappearance of Knickers: Hypotheses for the Functional Analysis of the Psychology of Clothing". Em *Journal of Social Psychology*, vol. 51, 1960.

CAVES, R. E. *Creative Industries: Contracts between Art and Commerce*. Cambridge/Londres: Harvard University Press, 2000.

CHENOUNE, F. *Des modes et des hommes*. Paris: Flammarion, 1993.
CORONA, V. & GODART F. "Network-Domains in Combat and Fashion Organizations". Em *Organization*, à paraître, 2009.
CRANE, D. "Diffusion Models and Fashion: a Reassessment". Em *The Annals of the American Academy of Political and Social Science*, vol. 566, 1999.
_____ & BOVONE, L. "Approaches to Material Culture: the Sociology of Fashion and Clothing". Em *Poetics*, vol. 34, 2006.
CURRID, E. *The Warhol Economy: how Fashion, Art, and Music Drive New York City*. Princeton: Princeton University Press, 2007.
DAVIS, F. *Fashion, Culture, and Identity*. Chicago: University of Chicago Press, 1992.
DIMAGGIO, P., "Market Structure, the Creative Process, and Popular Culture: toward an Organizational Reinterpretation of Mass-Culture Theory". Em *Journal of Popular Culture*, vol. 11, 1977.
DJELIC, M.-L. & AINAMO, A. "The Coevolution of New Organizational Forms in the Fashion Industry: a Historical and Comparative Study of France, Italy, and the United States". Em *Organization Science*, vol. 10, 1999.
DOERINGER, P. B. & CREAN, S. "Can Fast Fashion Save the US Apparel Industry?". Em *Socio-Economic Review*, vol. 4, 2006.
DUBAR, C. "La méthode de Marcel Mauss". Em *Revue française de sociologie*, 1969.
DUNLOP, J. T. & WEIL, D. "Diffusion and Performance of Modular Production in the U.S. Apparel Industry". Em *Industrial Relations*, vol. 35, 1996.
DUPUY, J.-P. *Le sacrifice et l'envie: le libéralisme aux prises avec la justice sociale*. Paris: Calmann-Lévy, 1992.
DURKHEIM, É. *Les formes élémentaires de la vie religieuse: le système totémique en Australie*. Paris: F. Alcan, 1912.
ELIAS, N. *Mozart: sociologie d'un génie*. Paris: Seuil, 1991.
EMLING, S. "Big 4 Fashion Weeks Get New Company". Em *International Herald Tribune*, 2006.
ENNIS, P. H. *The Seventh Stream: the Emergence of Rock'n'roll in American Popular Music*. Hanovre: University Press of New England, 1992.
ENTWISTLE, J. "The Aesthetic Economy: the Production of Value in the Field of Fashion Modelling". Em *Journal of Consumer Culture*, vol. 2, 2002.
ERNER, G. *Victimes de la mode? Comment on la crée, pourquoi on la suit*. Paris: La Découverte, 2006.
_____. *Sociologie des tendances*. Paris: PUF, 2009.
EWEN, S. & EWEN, E. *Channels of Desire: Mass Images and the Shaping of American Consciousness*. Minneapolis: University of Minnesota Press, 1992.
FAVEREAU, O. & LAZEGA, E. (orgs.) *Conventions and Structures in Economic Organization: Markets, Networks and Hierarchies*. Cheltenham: Edward Elgar, 2002.
FEATHERSTONE, M. "Life-Style and Consumer Culture". Em *Theory, Culture and Society*, vol. 4, 1987.

FLORIDA, R. L. *The Rise of the Creative Class, and How it's Transforming Work, Leisure, Community and Everyday Life*. Nova York: Basic Books, 2002.
FLUGEL, J. C. *Le rêveur nu de la parure vestimentaire*. Paris, Aubier Montaigne, 1982. [1930]
FRANKLIN, A. *Les corporations ouvrières de Paris du XIIe au XVIIIe siècle: histoire, statuts, armoirie: tailleurs*. Paris: Librairie de Firmin-Didot et Cie, 1884.
FREUDENBERGER, H. "Fashion, Sumptuary Laws, and Business". Em *The Business History Review*, vol. 3 7, 1963.
GATTOLIN, A. "Serpica Naro: un hoax activiste contre le milieu de la mode". Em *Multitudes*, vol. 2, 2006.
GILLI, F. & OFFNER, J.-M. *Paris, métropole hors les murs: aménager et gouverner un Grand Paris*. Paris: Presses de Sciences, 2009.
GIUSTI, N. *Le croquis et la toile: un regard organisationnel sur la création dans le monde de la mode, thèse*. Laboratoire techniques, territoires et sociétés (LATTS/ UMR 8134), École doctorale "Entreprise, travail, emploi". Champs-sur-Marne: université de Marne-la-Vallée, 2006.
_____. *Introduzione allo studio della moda*. Bolonha: Il Mulino, 2009.
GODART, F. "Théorie des sentiments moraux: Adam Smith". Em *DEES*, vol. 114, 1998.
_____ & MEARS, A. "How do Cultural Producers Make Creative Decisions? Lessons from the Catwalk". Em *Social Forces*, 2009.
GOFFMAN, E. *Stigma: Notes on the Management of Spoiled Identity*. Englewood Cliffs: Prentice-Hall, 1963.
GRANOVETTER, M. "Threshold Models of Collective Behavior". Em *American Journal of Sociology*, vol. 83, 1978.
_____. "Economic Action and Social Structure: the Problem of Embeddedness". Em *American Journal of Sociology*, vol. 91, 1985.
GROSSETTI, M. *Sociologie de l'imprévisible: dynamiques de l'activité et des formes sociales*. Paris: PUF, 2004.
_____ & BÈS, M.-P. "Encastrements et découplages dans les relations science-industrie". Em *Revue française de sociologie*, vol. 42, 2001.
_____ & GODART, F. "Harrison White: des réseaux sociaux à une théorie structurale de l'action". Em *Sociologies,* Association internationale des sociologues de langue française, 2007, disponível em http://sociologies.revues.org/document233.html.
GRUMBACH, D. *Histoires de la mode*. Paris: Éditions du Regard, 2008. [1993]
HANSON, K. "Dressing Down, Dressing Up: the Philosophic Fear of Fashion". Em *Hypatia*, vol. 5, 1990.
HARGADON, A. *How Breakthroughs Happen: the Surprising Truth about how Companies Innovate*. Boston: Harvard Business School Press, 2003.
HASS, N. "Gucci Unzipped". Em *Portfolio*. Nova York: Condé Nast, 2007.
HEBDIGE, D. *Sous-culture: le sens du style*. Paris: Zones, 2008. [1979]
HELLER, S.-G. *Fashion in Medieval France*. Cambridge: DS Brewer, 2007.

HERPIN, N. & VERGER, D. *La consommation des Français, tome 1, alimentation, habillement, logement*. Paris: La Découverte, *"Repères"*; nova edição sob o título *Consommation et modes de vie en France. Une approche écono-mique et sociale sur un demi-siècle*. Paris: La Découverte, "Grands Repères/Guides", 2008. [2000]

HIRSCH, P. "Processing Fads and Fashions: an Organization Set Analysis of Culture Industry Systems". Em *American Journal of Sociology*, vol. 77, 1972.

HODKINSON, P. *Goth: Identity, Style and Subculture*. Oxford: Berg, 2002.

HOLLANDER, A. *Seeing through Clothes*. Berkeley: University of California Press, 1993.

KAPFERER, J.-N. *Strategic Brand Management: Creating and Sustaining Brand Equity Long Term*. Londres/Dover: Kogan Page, 1997.

KATZ, E. & LAZARSFELD, P. F. *Personal Influence: the Part Played by People in the Flow of Mass Communications*. New Brunswick: Transaction Publishers, 1955.

KAWAMURA, Y. *The Japanese Revolution in Paris Fashion*. Oxford: Berg, 2004.

_____. *Fashion-ology: an Introduction to Fashion Studies*. Nova York: Berg, 2005.

KÖNIG, R. *Sociologie de la mode*. Paris: Payot, 1969. [1967]

KROEBER, A. L. "On the Principle of Order in Civilization as Exemplified by Changes in Fashion". Em *American Anthropologist*, vol. 21, 1919.

KRUGMAN, P. R. *Geography and Trade*. Leuven: Leuven University Press, 1993.

KUHN, T. *La structure des révolutions scientifiques*. Paris: Flammarion, 1991. [1962]

LA FERLA, R. *"Fashion's Best-Guarded Secret, the Assistant, Emerges"*. Em *The New York Times*, 1998.

LATOUR, B. & LÉPINAY, V.-A. *L'Économie, science des intérêts passionnés. Introduction à l'anthropologie économique de Gabriel Tarde*. Paris: La Découverte, 2008.

LEBOUCQ, V. "La réforme de la haute couture se heurte à de nombreux obstacles". Em *Les Échos*, 1992.

LÉCLUSE, S. "Colère de Christian Lacroix contre ses actionnaires". Em *La Tribune*, 2009.

LENA, J. C. & PETERSON, R. A. "Classification as Culture: Types and Trajectories of Music Genres". Em *American Sociological Review*, vol. 73, 2008.

LEPINAY, V.-A. "Economy of the Germ: Capital, Accumulation and Vibration". Em *Economy and Society*, vol. 36, 2007.

LIEBERSON, S. *A Matter of Taste: how Names, Fashions, and Culture Change*. New Haven: Yale University Press, 2000.

LIEBERSON, S. & BELL, E. O. "Children's First Names: an Empirical Study of Social Taste". Em *The American Journal of Sociology*, vol. 98, 1992.

LIPOVETSKY, G. *L'Empire de l'éphémère: la mode et son destin dans les sociétés modernes*. Paris: Gallimard, 1991. [1987]

LOPES, P. D. "Innovation and Diversity in the Popular Music Industry, 1969 to 1990". Em *American Sociological Review*, vol. 57, 1992.

McROBBIE, A. "Bridging the Gap: Feminism, Fashion and Consumption". Em *Feminist Review*, 1997.
MANLOW, V. *Designing Clothes: Culture and Organization of the Fashion Industry*. New Brunswick: Transaction Publishers, 2007.
MARSHALL, A. *Principles of Economics*. Londres/Nova York: Macmillan & Co., 1890.
MARTÍNEZ, J. G. "Selling Avant-Garde: how Antwerp became a Fashion Capital (1990-2002)". Em *Urban Studies*, vol. 44, 2007.
MAUSS, M. "Essai sur le don: forme et raison de l'échange dans les sociétés archaïques". Em MAUSS, M. (org.) *Sociologie et Anthropologie*. Paris: PUF, 1950. [1923]
MEARS, A. "Discipline of the Catwalk: Gender, Power and Uncertainty in Fashion Modeling". Em *Ethnography*, vol. 9, 2008.
MENGER, P.-M. "L'hégémonie parisienne: économie et politique de la gravitation artistique". Em *Annales. Économies, sociétés, civilisations*, vol. 48, 1993.
MILNER, M. *Status and Sacredness: a General Theory of Status Relations and an Analysis of Indian Culture*. Nova York: Oxford University Press, 1994.
MOERAN, B. "More than just a Fashion Magazine". Em *Current Sociology*, vol. 54, 2006.
MOLOTCH, H. L. *Where Stuff Comes from: how Toasters, Toilets, Cars, Computers, and Many Others Things Come to Be as They Are*. Nova York: Routledge, 2003.
MONNEYRON, F. *Sociologie de la mode*. Paris: PUF, "Que sais-je ?", 2006.
MONTESQUIEU, C.-L. D. S. *De l'esprit des lois*. Paris: Garnier-Flammarion, 1993. [1758]
MOULIN, R. *Le Marché de la peinture en France*. Paris: Minuit, 1967.
MOWER, S. & MARTÍNEZ, R. *Stylist: the Interpreters of Fashion*. Nova York: Rizzoli, 2007.
MUI, Y. Q. "Online Sales Shift: Apparel Outpaced Computers in '06". Em *The Washington Post*, 2007.
NATTA, M.-C. *La mode*. Paris: Anthropos, 1996.
NEFF, G.; WISSINGER E. & ZUKIN, S. "Entrepreneurial Labor among Cultural Producers: 'Cool' Jobs in 'Hot' Industries". Em *Social Semiotics*, vol. 15, 2005.
NYSTROM, P. H. *Economics of Fashion*. Nova York: The Ronald Press Company, 1928.
PASTOUREAU, M. & SIMONNET, D. *Le Petit Livre des couleurs*. Paris: Points, 2007.
PERETZ, H. "Le vendeur, la vendeuse et leur cliente: ethnographie du prêt-à-porter de luxe". Em *Revue française de sociologie*, vol. 33, 1992.
PERROT, P. *Les Dessus et les dessous de la bourgeoisie: une histoire du vêtement au XIXe siècle*. Paris: Fayard, 1981.
PETERSON, R. A. & BERGER, D. G. "Cycles in Symbol Production: the Case of Popular Music". Em *American Sociological Review*, vol. 40, 1975.
_____. "Measuring Industry Concentration, Diversity, and Innovation in Popular Music". Em *American Sociological Review*, vol. 61, 1996.

PINÇON, M. & PINÇON-CHARLOT, M. *Sociologie de Paris*. Paris: La Découverte, "Repères", 2008. [2004]
PODOLNY, J. M. *Status Signals: a Sociological Study of Market Competition*. Princeton: Princeton University Press, 2005.
PORTER, M. E. *Competitive Advantage: Creating and Sustaining Superior Performance*. Nova York: Free Press, 1985.
POST, P. "La naissance du costume masculin moderne au XIVe siècle". Em *Actes du Ier Congrès international d'histoire du costume*. Veneza, 1952.
POSTREL, V. I. *The Substance of Style: how the Rise of Aesthetic Value is Remaking Commerce, Culture, and Consciousness*. Nova York: Perennial, 2004.
POURQUERY, D. "Langue de pub: Karl s'habille en Sécurité routière". Em *Libération*, 2008.
POWER, D. & SCOTT, A. J. *Cultural Industries and the Production of Culture*. Londres/Nova York: Routledge, 2004.
QUEMIN, A. *Les Commissaires-priseurs: la mutation d'une profession*. Paris: Anthropos, 1997.
RABELLOTTI, R. *The Effect of Globalisation on Industrial Districts in Italy: the Case of Brenta*. Institute of Development Studies: University of Sussex, 2001.
RAUSTIALA, K. & SPRIGMAN, C. J. "The Piracy Paradox: Innovation and Intellectual Property in Fashion Design". Em *Virginia Law Review*, vol. 92, 2006.
REYNOLDS, F. D. & DARDEN, W. R. "Why the Midi Failed". Em *Journal of Advertising Research*, vol. 12, 1972.
RICCI, S. "Saint Laurent". Em VERGANI, G. (org.). *Fashion Dictionary*. Nova York: Baldini Castoldi Dalai, 2003.
ROBENSTINE, C. & KELLEY, E. "Relating Fashion Change to Social Change: a Methodological Approach". Em *Family and Consumer Sciences Research Journal*, vol. 10, 1981.
ROBINSON, D. E. "Style Changes: Cyclical, Inexorable, and Foreseeable". Em *Harvard Business Review*, vol. 53, 1975.
_____. "Fashions in Shaving and Trimming of the Beard: the Men of the *Illustrated London News*, 1842-1972". Em *American Journal of Sociology*, vol. 81, 1976.
SALGANIK, M. J.; DODDS, P. S.; WATTS, D. J. "Experimental Study of Inequality and Unpredictability in an Artificial Cultural Market". Em *Science*, vol. 311, 2006.
SAPIRO, G. *La guerre des écrivains: 1940-1953*. Paris: Fayard, 1999.
SAPORI, M. *Rose Bertin, ministre des modes de Marie-Antoinette*. Paris: Institut français de la mode/Éditions du Regard, 2003.
SASSEN, S. *A Sociology of Globalization*. Nova York/ Londres: W. W. Norton, 2006.
SIMMEL, G. *La mode: philosophie de la modernité*. Paris: Payot, 1989. [1904]
_____; COLLOMB, M.; MARTY, P.; VINAS F. *La Parure et autres essais*. Paris: Éditions de la MSH, 1998.
SLADKY, L. "Versace's Miami Mansion Opens to the Public". Em *USA Today*, 2008.

SMITH, A. *Théorie des sentiments moraux ou Essai analytique sur les principes des jugements que portent naturellement les hommes, d'abord sur les actions des autres et ensuite sur leurs propres actions*. Plan-de-la-Tour: Éditions d'Aujourd'hui, 1982. [1759]

SOMBART, W. *Luxus und Kapitalismus*. Munique: Duncker & Humblot, 1913.

SPENCE, A. M. "Job Market Signaling". Em *Quarterly Journal of Economics*, vol. 87, 1973.

SPROLES, G. B. & BUSRNS, L. D. *Changing Appearances: Understanding Dress in Contemporary Society*. Nova York: Fairchild Publications, 1994.

STEELE, V. *Paris Fashion: a Cultural History*. Nova York: Oxford University Press, 1998.

_____. *Fashion, Italian Style*. New Haven: Yale University Press, 2003.

STEGEMEYER, A. *Who's Who in Fashion*. Nova York: Fairchild Publications, 2004.

STEWART, M. L. "Copying and Copyrighting Haute Couture Democratizing Fashion, 1900-1930s". Em *French Historical Studies*, vol. 28, 2005.

STONE, E. *The Dynamics of Fashion*. Nova York: Fairchild Publications, 2004.

STORPER, M. *The Regional World: Territorial Development in a Global Economy*. Nova York: Guilford Press, 1997.

TARDE, G. *Les lois de l'imitation: étude sociologique*. Paris: F. Alcan, 1900. [1890]

TAYLOR, F. W. *La direction scientifique des entreprises*. Paris: Dunod, 1971. [1911]

THOENIG, J .-C. & WALDMAN, C. *De l'entreprise marchande à l'entreprise marquante*. Paris: Éditions d'Organisation, 2005.

VEBLEN, T. *Théorie de la classe de loisir*. Paris: Gallimard, 1978. [1899]

VERGANI, G. *Fashion Dictionary*. Nova York: Baldini Castoldi Dalai, 2003.

VULSER, N. "Faiseuse de modes". Em *Le Monde*, 2009.

WAQUET, D. & LAPORTE, M. *La mode*. Paris: PUF, 2002.

WATTS, D. J. & DODDS, P. S. "Influentials, Networks, and Public Opinion Formation". Em *Journal of Consumer Research*, vol. 34, 2007.

WEBER, C. *Queen of Fashion: What Marie-Antoinette Wore to the Revolution*. Nova York: Henry Holt & Co, 2006.

WEBER, M. *Économie et société*. Paris: Seuil, 1971. [1922]

WHITE, H. C. "Where do Markets Come From?". Em *American Journal of Sociology*, vol. 87, 1891.

_____. *Markets from Networks: Socioeconomic Models of Production*. Princeton: Princeton University Press, 2002.

_____. *Identity and Control: how Social Formations Emerge*. Princeton: Princeton University Press, 2008.

WHITE, H. C. & GODART F. C. "Märkte als soziale Formationen". Em BECKERT, J.; DIAZ-BONE, R.; GANSSMANN, H. (orgs.) *Märkte als soziale Strukturen*. Frankfurt: Campus, 2007.

WHITE, H. C.; GODART, F.; CORONA, V. "Produire en contexte d'incertitude. La construction des identités et des liens sociaux dans les marchés". Em *Sciences de la société*, vol. 73, 2008.

_____. "Mobilizing Identities: Uncertainty and Control in Strategy". Em *Theory, Culture & Society*, vol. 24, 2007.

WILSON, E. *Adorned in Dreams: Fashion and Modernity*. New Brunswick: Rutgers University Press, 2003.

WILSON, E. "U.S., Italy Addressing the Health of Models". Em *New York Times*, 2006.

WOOD, Z. "'Slow Fashion' Is a Must-Have... and Not Just for this Season". Em *The Guardian*, 2008.

WOOTEN, K. Y. "Face Value". Em *Newsweek*, 2008.